EL PROFETA Y YO

Segunda edición

Gustavo Riveros y Lucía Riveros

Zoéh Editorial Services

Segunda edición.
ISBN: 979-8-9877250-5-4
Bogotá • Zulia • Miami

www.zoeh.com
Correo electrónico: zoeheditorial@gmail.com
Nro. de contacto: 954-600-2042

Para información sobre descuentos especiales en compras al mayor, por favor, contactar al Departamento de ventas al número telefónico 954-600-242 o mediante el correo electrónico zoeheditorial@gmail.com

Si su iglesia u organización desea que los autores realicen una conferencia o eventos (en vivo o diferidos) sobre este libro, el departamento de Relaciones Públicas de Zoeh Editorial Services se ofrece a gestionar el enlace entre ambas partes, para más información contáctenos.

Contenido

Prólogo 7

Introducción 11

Capítulo 1 15

¡Yo no lo pedí! 15

Capítulo 2 27

El llamado 27

Capítulo 3 45

El carácter del profeta 45

Capítulo 4 65

La profecía en acción 65

¿Qué es profecía? 66

La Biblia como profecía 67

¿Qué es logos? 67

¿Qué es *rhema*? 68

La palabra «edificación» 70

La palabra «exhorta» 71

La palabra consuela 72

Palabra de ciencia 75

Palabra de sabiduría........76
Discernimiento de espíritus........76
Visiones........79
Sueños........81
Acciones proféticas........82
Intercesión profética........86
Canto profético........89
Capítulo 5........93
Creciendo en lo profético........93
Sencilla palabra profética........95
El don de profecía en crecimiento........98
Ya no es solo un don, es un ministerio........101
Vivencia de un oficio profético........105
Capítulo 6........111
Ética y protocolo en lo profético........111
Capítulo 7........125
Del dicho al hecho, y de la promesa al cumplimiento........125
Algunos puntos clave........136
Capítulo 8........137
¿Cara o sello?........137
Reflexión final........144
Referencias........145

Prólogo

Luces para un ministerio profético encarnado

Durante muchos siglos la Iglesia, como institución, entró en un adormecimiento caracterizado por el desconocimiento del mover sobrenatural del Espíritu; esto limitó la práctica del evangelio hacia el conocimiento racional de Dios. Sin embargo, es imposible contener el mover del *Gran Consolador*, *Consolador* que fue delegado para guiarnos a toda verdad, por eso, a finales del siglo XIX el cuerpo de Cristo fue bendecido con un gran Pentecostés que alcanzó diferentes lugares del mundo.

En ese gran movimiento resurgió el ministerio profético, siendo uno de los que mayor atención ganó, dado su carácter revelador de lo sobrenatural. También es necesario reconocer que, por su notoriedad, muchos han querido ejercerlo, desconociendo cómo administrarlo o cometiendo excesos al hacerlo, por lo que en ocasiones esto ha generado desconcierto, así como recelo dentro de la familia de la fe.

Lamentablemente, en nuestro medio no existe mucho material confiable que oriente al cuerpo de Cristo en relación con este don, de allí surge la necesidad de publicar este libro. Escrito por el pastor Gustavo Riveros, en coautoría con su esposa Lucía Riveros, quienes, por su experiencia, pero sobre todo por su testimonio, se consolidan como una autoridad sobre el tema.

Cuando el pastor Riveros me honró con el privilegio de escribir este prólogo, consideré importante reencontrarme con lo que Dios piensa acerca de la razón de ser de estos ministerios en la Iglesia, y vino a mí este interesante pasaje:

> Y él mismo constituyó a unos, apóstoles; a otros, profetas; a otros, evangelistas; a otros, pastores y maestros, a fin de perfeccionar a los santos para la obra del ministerio, para la edificación del cuerpo de Cristo. Hasta que todos lleguemos a la unidad de la fe y del conocimiento del Hijo de Dios, a un varón perfecto, a la medida de la estatura de la plenitud de Cristo; para que ya no seamos niños fluctuantes, llevados por doquiera de todo viento de doctrina, por estratagema de hombres que para engañar emplean con astucia las artimañas del error, sino que siguiendo la verdad en amor, crezcamos en todo en aquel que es la cabeza, esto es, Cristo, de quien todo el cuerpo, bien concertado y unido entre sí por todas las coyunturas que se ayudan mutuamente, según la actividad propia de cada miembro, recibe su conocimiento para ir edificándose en amor. (Efesios: 4:11-16)

No ahondaré específicamente sobre el ministerio profético, pues ese es el propósito de este libro que invito a leer con atención, sin embargo, quiero referirme a un texto más: «Sin profecía el pueblo se desenfrena; mas el que guarda la ley es bienaventurado» (Proverbios 29:18).

Entre las razones que me animan a recomendar este libro se encuentra su carácter testimonial, pues, a través de sus páginas el autor relata cómo el poder transformador del Evangelio opera en la vida de un hombre común y sobre su familia, hasta levantarlos del dolor del pecado y enviarlos como profetas a las naciones. Esta obra refiere a una serie de experiencias que, con lenguaje claro y sencillo, son narradas a fin de convertirse en luces para quienes han sido puestos en el camino de la profecía.

Finalmente, quiero destacar un hecho que en lo particular me ha inquietado. En mi recorrido como siervo de Dios he tenido la oportunidad de conocer innumerables ministerios, muchos de ellos admirables; sin embargo, lamentablemente, es cada vez más difícil hallar dos cualidades que considero indispensables para un ministro cristiano: el carácter y la sujeción. Por tal razón, me llena de gozo saber que en *El profeta y yo* se resaltan esos aspectos, que son encarnados en sus escritores, el pastor Gustavo y su esposa, Lucía, quienes, teniendo un ministerio significativo e independiente, decidieron buscar nuestra cobertura y pagar el precio de la formación de su carácter.

Si tu corazón está dispuesto a aprender, con seguridad este libro te dará valiosas enseñanzas sobre cómo apropiarte de esta promesa bíblica: «Creed en Jehová vuestro Dios, y estaréis seguros; creed a sus profetas, y seréis prosperados» (2 Crónicas 20:20).

Pastor José Satirio Dos Santos.

Introducción

No deja de maravillarme la forma cómo Dios usa a cualquiera de sus *vasos*, somos instrumento en sus manos para entregar una palabra, un milagro u otra manifestación espiritual a favor de alguien, y a partir de ese momento esa persona es tocada a tal punto que su vida es cambiada; ha ido más allá de ser solo una persona quebrantada de corazón o quebrantada de espíritu, ahora es testimonio vivo de un Dios de poder, de un Dios vivo.

Todo eso me inspiró a escribir (en compañía de Lucía, mi esposa) *El profeta y yo*. ¡A Dios sea la gloria! En estas páginas compartiremos nuestras experiencias hablando en *una sola voz*, pero también nos cederemos la palabra mutuamente para testificar sobre nuestros procesos individuales de tratamiento e intimidad con el Señor.

A través de los tiempos, los profetas han sido voceros de Dios para traer fundamento, visión y corrección al ser humano, a la familia, al pueblo y a la iglesia; sin embargo, no podemos dejar pasar por alto a quienes se dicen ser profetas y no lo son, que traen consigo engaño, manipulación, y que su único deseo es sacar provecho de la ingenuidad de muchos creyentes.

Para nosotros ha sido un reto mostrar cómo se va dejando atrás al *viejo hombre*, (*el yo*) que se desintegra en la medida que va tornándose en un *hombre nuevo,* en este caso, en el profeta, en el hombre de Dios, en el ministro; sin olvidar que de la misma humanidad se saca a uno (el *yo* viejo hombre) para llenarlo del otro (el nuevo, el siervo, el profeta).

En este trayecto, he concluido que solo por la misericordia de Dios, su gracia y su infinito amor somos usados por Él; en otras palabras: a los huesos forrados con carne que se disponen ante Él, Dios los usa para su gloria y para extender su reino.

Sé de la gran prevención o recelo que hay contra la profecía o el ministerio profético (por decirlo de forma generalizada), pues la falta de conocimiento o de información sobre este asunto ha aislado a la iglesia o al ministerio pastoral de lo profético, y viceversa, de tal manera que es obra de titanes acercarlos en este tiempo.

Más adelante, hablaré de este desconocimiento que hay de parte y parte, es decir, de la iglesia (el pastor) y el ministerio profético (el profeta), de lo que se debe hacer cuando surge en alguna iglesia lo profético. Hay grandes verdades que traeremos en este libro acerca de este asunto.

No negamos que existe un pequeño grupo de pastores o iglesias de diferentes denominaciones y concilios que hoy día se están acercando más a lo profético, al mover sobrenatural de Dios, no solo en Colombia —nuestro país—, sino en otros países donde Dios nos ha permitido ir, conocer y ministrar.

Por eso, te animo a que puedas profundizar en el tema, a estudiar concienzudamente las vivencias que Dios nos ha permitido experimentar en el transcurrir de nuestro ministerio profético. Con este libro, creemos que Dios te estará trayendo claridad en lo relacionado con lo profético, encontrarás herramientas que te ayudarán a sopesar palabra, sueño, visión, profecía y otros aspectos que conciernen al tema, para que el discernimiento en esta área pueda crecer.

La iglesia de estos tiempos debe reconocer y recibir lo

profético y a los profetas, porque traen beneficios en fundamento, salud espiritual, integridad y visión de Dios. ¡Dios bendiga a sus profetas, los de estos tiempos!

Antes de continuar, resulta oportuno explicar que en este libro usaremos un lenguaje sencillo, diríamos también coloquial, de fácil entendimiento para los lectores; por esto me referiré al profeta como tal; no usaré los términos hebreos o griegos, sino el propio término en español: «profeta», que es el instrumento o vaso utilizado por Dios para llevar mensajes a las personas (a una familia, comunidad, nación o naciones enteras); en pocas palabras, es quien será usado por Dios en la diversidad de su poder ministrador.

La Biblia nos muestra los cuatro términos más empleados para referirse al profeta:

- *Nabhi,* que significa 'profeta'.
- *Ro'eh,* cuya raíz *ra'ah* tiene por significado 'ver', y 'ver lo que normalmente no se ve'.
- *Hozeh,* cuya raíz, *hazah,* tiene por significado 'ver'.
- *Ro'eh* y *Hozeh* se pueden traducir como 'videntes' y son los famosos videntes de aquella época. «Vidente» quiere decir 'el que ve'.
- *Ish-Elohim,* que es 'el santo varón de Dios' y podríamos decir 'el oficio profético escogido' y 'enviado por Dios'.

Menciono esto solamente a manera de información, como dije antes, no quiero confundirlos con términos de idiomas extranjeros.

Ahora bien, sin más preámbulos, te invito a navegar en el contenido de este libro, porque sé que te ayudará a edificar en lo que tiene que ver con la revelación profética y su desempeño.

Jeremías 1:5:

Antes que te formase en el vientre
te conocí, y antes que nacieses te santifiqué,
te di por profeta a las naciones.

Capítulo 1

¡Yo no lo pedí!

Lo que vas a leer en este capítulo te va a sonar un tanto extraño, y de pronto, te va a mover tu teología o los fundamentos que tengas de esta, porque estoy tomando el ejemplo de mi vida, cuando no era un cristiano, y cómo Dios fue tomando el vaso que soy y lo fue encaminando a su servicio, hasta llegar a convertirme en un verdadero cristiano o creyente con ministerio. Aquí se cumple lo que dice la escritura en Jeremías 1:5: «Antes que te formase en el vientre te conocí, y antes que nacieses te santifiqué, te di por profeta a las naciones».

Para contarte cómo fueron mis primeras anécdotas en este sentido, quiero ubicarte en mi adolescencia. Recuerdo que estaba sentado en el balcón del apartamento de mis padres, en mi ciudad natal, Barrancabermeja, compartía con ellos un rato especial una tarde de domingo, y vi a un hombre montado en su bicicleta mientras pasaba enfrente de nosotros.

—Ese hombre se va a caer de su bicicleta.

—¡No, hijo!, Si él va bien —respondió mamá.

No pedaleó ni cincuenta metros más cuando aquel hombre comenzó a hacer movimientos rápidos en forma de zigzag y se cayó. Fue grande mi asombro, así como el de mis padres, ya que su hijo adolescente acababa de anunciarlo. ¡Pero yo no era un cristiano creyente! ¿Qué me estaba ocurriendo?

El hombre de la bicicleta fue uno más de mis aciertos; esto impactaba mi vida y asustaba a los demás, porque no entendíamos qué me estaba pasando. Luego venían sueños que no entendía, y en ellos veía robo de ganado en la finca de papá y del tío, y eran eventos que también acontecían, de modo que muchos de mis familiares me decían: «¡No abras la boca!, porque todo lo que dices se cumple».

A la hora de los paseos en familia me apodaban el Aguafiestas, ya que papá solía alquilar un camioncito en donde cupiéramos todos los que íbamos al paseo, pero casi siempre expresaba que algo malo iba a pasar. Como fue la vez que no quería ir a un balneario llamado La Llana, ese día dicho camioncito se quedó sin dirección y casi ocurre un accidente terrible. Situaciones como estas eran las que me acontecían, pero era un niño inexperto y sin conocimiento de las cosas de Dios.

Cuando éramos niños, Sara, una de mis hermanas mayores, tenía la costumbre de hacernos pintar una casa, un árbol, el sol, una culebra y un paisaje de fondo. Ella decía que según cómo lo pintáramos iba a ser nuestro futuro, y todos nosotros nos emocionábamos haciendo los dibujos, esperando saber qué pasaría (eran juegos de niños).

En una oportunidad, Sara tomó mi dibujo y dijo que yo estaba en el mundo para algo muy grande, que tenía una misión muy especial de parte de Dios. En ese momento hubo un silencio especial. Así, fueron repetidas las veces que hicimos actividades y mi hermana declaraba bendiciones sobre mí que en ese entonces no entendíamos.

De esta manera es el proceder de Dios, **cuando Él ha señalado a un hombre hará con él cosas que muchas veces no se entienden de momento,** pero esto tiene su trasfondo o razón. Dicha idea nos lleva a lo que dice el salmista en el salmo 139:16: «Mi embrión vieron tus ojos, y en tu libro estaban escritas todas aquellas cosas que fueron luego formadas, sin faltar una de ellas».

Cuando mi hermana me hablaba de estos futuros acontecimientos yo no entendía lo que pasaba, ya que no conocía al que me creó, del cual dice el salmo 139, aquel cuyo embrión —mi embrión— vieron sus ojos.

Este versículo nos revela que los ojos de Dios vieron no solo el embrión del salmista, sino todo aquello que sería puesto en mí desde mi concepción, es decir, desde que el esperma de mi padre fecundó el óvulo de mi madre, todo lo que sería formado en mí; cosas de las cuales mi hermana me estaba hablando, y que nos está revelando el diario vivir, o sea, todas sus operaciones futuras registradas en su libro.

Ojo: y en tu libro estaban escritas, lo que hasta hoy tú tienes o has recibido y seguirás recibiendo en lo espiritual y ministerial, ya estaba en la agenda del Señor.

Ese versículo 16 continúa diciendo **que fueron luego formadas, sin faltar una de ellas.** Esto me está indicando que, si Dios te escogió para una tarea, todo lo que Él ha planeado hacer contigo se hará, porque dentro de cada uno de nosotros corre el ADN espiritual que Él colocó, y este está llamado a multiplicarse, crecer y extender el reino.

Retomando lo que te decía sobre mi pasado, creo necesario comentar que fui creciendo en mi pequeña ciudad, en donde fueron apareciendo otros «asuntos» en mi vida: el licor, las mujeres, las fiestas, las parrandas y «el macho *men*» que con golpes se quería mostrar superior a los demás.

En aquellos tiempos, frecuentemente visitaba un lugar llamado El Fogonazo; en aquel entonces era como una taberna o establecimiento de bebidas embriagantes. Después de algunas cervezas, o más bien de una borrachera, salía de ese sitio y solo era cuestión de atravesar la calle para encontrarme frente a la puerta de la Iglesia Evangélica Cuadrangular Central de Barrancabermeja; allí me orinaba, vociferando, gritando contra los evangélicos, pateando las puertas y tirándole piedras (comportamientos que no llevan a nada bueno), pero…

Años después, por fuerza mayor, me trasladé de Barrancabermeja hacia Bucaramanga, donde conocí a una mujer [Lucía]. ¡Apareció mi media naranja!, quien me cautivó y me casé con ella. Esta preciosa mujer no sabía en lo que se metía, pero había en ella un auténtico amor.

Ella se convirtió a Cristo; yo me convertí en un cavernícola, un hombre rudo que la golpeaba, la pateaba varias veces hasta llegar a hacerla orinar y vomitar sangre. Su familia le decía «deje a ese animal», pero Dios le habló a mí esposa estando ella en oración, le dijo que a ese que llaman animal, Él lo iba a usar como un instrumento suyo y para su gloria.

Entonces, le dio a mi esposa una estrategia de oración por mí. Mi esposa oraba sin tocarme, imponía sus manos de la cabeza hasta los pies y de los pies hasta la cabeza mientras yo dormía, llamando lo que no era como si fuera sin que yo escuchara. Después de casi dos años llegué a los pies de Jesús. ¡Yo no lo busqué! ¡Él me encontró! Quiero que, a continuación, con sus propias palabras ella te cuente cómo fue que esto ocurrió.

Esta es mi versión [palabras textuales de Lucia]: durante esos días de angustia donde solo recibía maltrato por parte de mi esposo, un día estaba muy cansada de orar sin recibir respuesta; pensaba que Dios no me escuchaba, pero Dios me levantó y me habló.

—Haré de tu esposo lo que yo quiero que sea. Contigo o sin ti lo voy a hacer —me dijo, y añadió—: ¿Vas a estar allí para verlo?

Ese día Dios me inquietó y me llamó a leer una porción de la palabra, en especial, Ezequiel 36:25-27:

> Esparciré sobre vosotros agua limpia, y seréis limpiados de todas vuestras inmundicias; y de todos vuestros ídolos os limpiaré. Os daré corazón nuevo, y pondré espíritu nuevo dentro de vosotros; y quitaré de vuestra carne el corazón de piedra, y os daré un corazón de carne. Y pondré dentro de vosotros mi Espíritu, y haré que andéis en mis estatutos, y guardéis mis preceptos, y los pongáis por obra. (Ezequiel 36:25-27)

Estos versículos fueron palabras *rhema* para la conversión de mi esposo, ya que le estaba hablando al corazón, ese que es engañoso y perverso. Todos los días en la madrugada oraba por él con esos versículos, ungiendo su ropa, su lecho e imponiendo mis manos sobre él sin que se diera cuenta. Decidí hacerlo, aunque no lo pedí, porque sabía que si Dios lo había prometido lo iba a cumplir.

Yo no pedí ese ministerio, no pedí ser profeta ni pastora, yo había estudiado Odontología, mi proyecto era ser odontóloga en el futuro y así mantener a nuestra familia; pero cuando Dios interviene en tu vida lo hace con excelencia y lo hace para tu bien.

Y ahora, después de 30 años de casados puedo ver el cumplimiento de aquella palabra que Dios me había dado, me regaló a un hombre transformado por la unción de su Espíritu y lleno de la sabiduría, el amor y la gracia que solo Dios puede dar.

Retomando lo que te contaba, yo, Gustavo, mientras administraba la cadena de almacenes de un familiar, tomé un vuelo con mi jefe (Michael, mi primo), cuya ruta era Bucaramanga-Cúcuta-Cartagena, sin embargo, Michael se quedaba en Cúcuta y yo debía continuar hacia Cartagena, pues debía supervisar los negocios en la costa.

Ese día de 1988 recuerdo que le dije a Michael que yo no seguía hasta Cartagena, que me quedaba en Cúcuta con él porque el avión se iba a caer. Esto era un sentimiento extraño, pero muy profundo, al punto que alteró mis nervios. Ocho días después, aquel avión, con el mismo trayecto de vuelo y con la misma tripulación, cayó saliendo de Cúcuta a Cartagena, y lamentablemente, los 130 pasajeros de ese avión de Avianca murieron. *Yo no pedí ver estas cosas, pero me acontecían y era necesario expresarlas.*

Si vamos a las escrituras podemos observar que Moisés dijo al Señor: «**... ¿Quién soy yo para que vaya a Faraón, y saque de Egipto a los hijos de Israel?**» (Éxodo 3:11). Este texto deja ver o da a entender que Moisés le estaba diciendo al Señor «yo no he pedido esto, yo no soy el apropiado», pero, así como a Moisés me respondió el Señor: «Yo estaré contigo».

Muchas veces yo lo decía, y tenía temor, ya que, como Moisés, no me sentía preparado para esto, y creaba confusión en mi corazón, pues no sabía cómo manejarlo, porque las cosas de Dios son un asunto serio, no un juego de niños donde se le da rienda suelta a una mente creativa.

Y así se fueron sumando anécdotas de este tipo, con solo abrir mi boca la persona a la que me estaba dirigiendo se soltaba en llanto, porque justo lo que le estaba diciendo tenía que ver con su vida, eran cosas que había vivido, que estaba viviendo y que sé que también viviría (esto es el don de ciencia y el don de sabiduría; hablaremos de ellos más adelante).

Esto yo no lo había pedido, pero había algo muy fuerte dentro de mí que me decía que era necesario hacerlo, y algo más fuerte que me impulsaba a accionarlo, entonces, me sometía a la voluntad de Dios, porque ¿quiénes somos nosotros para ir en contra de lo que Dios quiere hacer?, y más cuando estamos en sus planes, en su propósito y voluntad. Sin embargo, muchas veces me expresé erróneamente con respecto a lo que el Señor me dijo: «Si yo hubiese sabido lo que me esperaba con esto, es decir, aceptar lo que yo no pedí, hubiera firmado otro contrato con Dios, para otro tipo de trabajo».

Ya en este punto comenzamos a dilucidar que **todo trabajo con Él tiene un proceso que no podemos obviar**. Así fue como comprendí que, aunque el hombre no quiera, Dios se toma de entre ellos a apóstoles, profetas, evangelistas, pastores y maestros para la perfección de los santos (Efesios 4:11).

Recuerdo que en un momento específico en el cual todo a mi alrededor (lo concerniente al trabajo secular) se había cerrado. José Fernando, uno de mis cuñados, insistía en que yo debía trabajar, me confrontaba y decía que cómo hablaba de un ministerio para servirle a Dios, sino estaba supliendo económicamente para mi casa. Entonces, vino mi respuesta: «¡Yo no lo pedí! ¡Fue Dios quien me lo demandó!».

De igual modo, comprendí que, aunque yo no lo pedí, era el deseo de Dios, y había que aceptarlo. No pude seguir peleando ni resistiéndome a lo que yo decía que no pedí; porque Él me lo quería dar, era necesario recibirlo, y de esto puedo encontrar una referencia en la Biblia que, a continuación, comparto. En 1 de Reyes 19:19-21 dice:

> Partiendo él de allí, halló a Eliseo hijo de Safat, que araba con doce yuntas delante de sí, y él tenía la última. Y pasando Elías por delante de él, echó sobre él su manto. Entonces dejando él los bueyes, vino corriendo en pos de Elías, y dijo: Te ruego que me dejes besar a mi padre y a mi madre, y luego te seguiré. Y él le dijo: Ve, vuelve; ¿qué te he hecho yo? Y se volvió, y tomó un par de bueyes y los mató, y con el arado de los bueyes

coció la carne, y la dio al pueblo para que comiesen. Después se levantó y fue tras Elías, y le servía.

Eliseo no estaba con un cartel escrito en el que se leía algo como «yo quiero un ministerio profético», sino que lo súbito de Dios vino sobre él y aceptó el llamado que Dios le estaba haciendo; al matar los bueyes y cocerlos con el arado, Eliseo estaba cerrando un capítulo de su antigua vida para darle paso a su nueva vida en Él.

Eso se llama disposición para la tarea, para el llamado. Dejaba de ser, para pasar *a ser;* dejaba de ser el empresario del campo y pasaba a ser el siervo de Elías, para luego sucederlo como profeta y, finalmente, convertirse en el profeta Eliseo. Así sucede con nuestra vida: ¡Dejamos *de ser*, para pasar *a ser*!

Pero no es solo mi testimonio lo que quiero contar, es todo lo que me ha ocurrido, lo que he podido aprender y lo que ahora en el Señor estoy desarrollando. Si hubiera encontrado un padre, un maestro, que me hubiese enseñado lo que me estaba pasando, nos hubiéramos evitado tanto descalabro, maltratos y tropiezos que son «innecesarios», pero que a la larga me ayudaron a formar el carácter profético (hablaremos también del carácter del profeta). Este libro te servirá para entender aquellas situaciones que te puedan estar pasando y que tienen que ver con tu ministerio profético.

Créeme, no pedí este don que llegó a ser un llamado profético en mi vida, que la transformó y la cambió, incluyendo a mi familia (de ello también conversaremos más adelante). Este asunto de servir a Dios no es para todo el mundo (el mundo no gusta de lo santo), más cuando se trata de llamados específicos o claves. Efesios 2:10 dice: «Porque somos hechura suya, creados en Cristo Jesús para buenas obras, las cuales Dios preparó de antemano para que anduviésemos en ellas».

Creo que esto de ser escogidos por Él, sería algo

así como el que hace una compra en cualquier supermercado y por dicha compra se gana un carro, el que hizo la compra no estaba pidiendo un carro, estaba comprando, pero se lo ganó, él será quien determine tomar el regalo y darle su buen uso o, sencillamente, no tomarlo. ¡Yo no tuve opción, lo tomé!

¿Qué pasó con mi vida? ¿Quién trajo todos estos cambios? ¿Qué son todas estas cosas que me suceden? Si yo no puse mi nombre en ninguna lista de espera ni tampoco pasé mi hoja de vida; ¿de dónde viene esto?

Estas cosas me hacían llorar. ¿Qué me está pasando? Estas preguntas y muchas más surgieron en los comienzos de mi ministerio. ¡Yo no pedí esto! Todo esto me hacía sentir como un loco (era un hombre sin experiencia espiritual).

Querido/a lector/a, si Dios te escogió, estarás experimentando cosas que de pronto no entiendas, pero cuando alcances estatura espiritual (seas un *hombre* espiritual, tengas madurez) las discernirás. Como dice en: 1 Corintios 2:14 «**Pero el hombre natural no percibe las cosas que son del Espíritu de Dios, porque para él son locura, y no las puede entender, porque se han de discernir espiritualmente**».

Esto con respecto al hombre natural, y yo era uno de ellos. Lo que nosotros aconsejamos es, sencillamente: disponerse; algunos describirían esto como «relajarse ante las situaciones que vayan llegando», ya que uno no nace aprendido, pero cada cosa que vaya llegando es necesario sopesarla con *la palabra* para poder entender con qué espíritu viene. Porque todo asunto espiritual, si viene de Dios, tiene que ver con *la palabra*, que es la *fuente*, es el *pozo*.

Es un reto y un riesgo que tenemos que tomar nosotros, sus hijos, su pueblo, su iglesia; Dios nos quiere llenar de toda esa riqueza espiritual que muchos no conocen;

algunos no han empezado a recibir y ya quieren tirar la toalla, es decir, renunciar. No obstante, el profeta Isaías nos muestra la actitud correcta cuando le dijo al Señor: **¡Envíame a mí!** (Isaías 6:8).

¡Que cada uno de nosotros podamos responder al SOS que clama el mundo! Dios llegó a mi vida y no lo estaba entendiendo, pues yo tenía otros dioses, aquellos que suelen tener los hombres del mundo (ya sabemos cuáles son); y sin pedirlo, Él fue llegando caballerosamente, y en un proceso especial fue limpiando cada área de mi vida, de modo que ninguna de ellas quedara sin ser ministrada. Ciertamente, Él llegó, y cuando Él llega trae cambios.

Dios es experto en tomar del barro, o sea, *la nada*, y hacer del barro (la nada) un instrumento útil en sus manos para la extensión del reino. Hoy tengo la absoluta certeza de que Él está seleccionando sus *vasos* sin importar de qué están hechos; borrará todo su pasado, a fin de convertirlos en los hombres proféticos que Él quiere, para desarrollar la tarea dispuesta por Él, porque esa es su voluntad.

Aunque no lo quieras, Él quiere, por eso te aconsejo no luchar contra quien ha querido hacer de tu vida una obra significativa, un hombre, una mujer diferente, espiritualmente guiado/a por Él.

Un día expresé: «¡Yo no lo pedí!», pero tuve que rendirme a su deseo porque aun cuando no lo había pedido, Él me acorraló, y no encontré otro camino. El Santo de santos me fue apartando, y cuando menos pensé me vi envuelto en sus amorosas manos. Su martillo y cincel comenzaron a tallar en mí a un nuevo hombre. Él te enamora primero y luego comienza un poderoso trabajo de tallado como con manos del alfarero.

De todo este proceso algo entendí: **Dios no está interesado en lo que tienes, sino en lo que tendrás;**

Dios no está preocupado por quién eres, sino por lo que serás en Él; Dios no se afana por el lugar dónde estás, sino por el lugar dónde estarás.

Sé que el Señor tiene la capacidad de hacer cosas de la noche a la mañana, pero créeme, cuando se trata de cambiar tu vida, esto es un proceso que demanda tiempo, y en donde se le añade un poco de tu voluntad para que puedas pasar por cada etapa a la que Él te lleva.

Esto sería algo así como el vino en su proceso de decantación, que va de vasija en vasija hasta lograr el vino más puro y fino que se pueda obtener; la uva no será vino sino pasa por el lagar donde es pisoteada, machacada para extraer su preciado jugo, para así ir llevándola por sus diferentes procesos. Como decía antes, con Él se trata de procesos, y **cada proceso de Dios en la vida del hombre va dejando ver etapas quemadas y niveles concluidos, esto nos habla también de crecimiento.**

¡Cuántas cosas iban apareciendo y sucediendo en mi vida! Esto me permitió entender que Él estaba a la puerta de mi corazón queriendo tener conmigo una relación más profunda. Quiero decirte que Dios es experto en buscar la manera de llamar tu atención y que le atiendas. Eso fue lo que hizo conmigo.

Así fue como me encontré frente a una gran realidad. ¡Él me estaba haciendo una invitación!, ¡Él me estaba llamando! Y yo no lo pedí; ¿a qué me llamaba el Señor? Estos interrogantes deben estar claros en nosotros para que no se sigan cometiendo más errores en la iglesia, en lo ministerial.

El Señor está tocando a la puerta de tu corazón, está esperando por quienes le abrirán; no te resistas más, si el Señor te llamó acude a Él. Recuerda lo escrito en Mateo 9:37: «Entonces dijo a sus discípulos: A la verdad la mies es mucha, mas los obreros pocos. Rogad, pues, al Señor de la mies, que envíe obreros a su mies».

No olvides que, aunque no hayas pedido lo ministerial, lo sacerdotal, lo que es del reino, si Dios pensó en ti, todo esto —sin duda alguna— vendrá sobre tu vida. Te animo a que te dispongas para Él, a que te dejes moldear al estilo que Dios quiere para ti, porque cada uno de nosotros es único, como una huella dactilar.

Mientras comienzas en el proceso del llamado de Dios, tú no alcanzas a ver aquello en lo que Él te va a convertir. Por eso es muy importante aceptar su voluntad en obediencia, porque con el paso de los días y los años Dios ira dejando ver al *hombre* que quiere formar en ti. Esto puedo decírtelo por experiencia, aunque yo no lo pedí, aprendí a aceptarlo y hoy con plena certeza puedo manifestar que vivo lo que predico y predico lo que vivo.

Hoy por hoy, como hombre de Dios, creo que hay mucha gente en el mundo (hombres y mujeres) que, a pesar de no conocer de Dios, tienen un potencial muy grande para desarrollarse en las cosas de Dios, son como una especie de material en bruto esperando llegar al banco del alfarero para ser transformados hasta convertirse en las vasijas que Dios quiere usar, y aunque ellos no están pidiendo un ministerio, ese «algo» de Dios, Él tocará sus corazones, hará que ellos caigan rendidos a sus pies para ser incorporados en el cuerpo de Cristo y desarrollen la tarea que les ha demandado.

Asimismo, creo que muchos cristianos solo están calentando bancas en las iglesias o asistiendo de manera religiosa, sin que cambie algo en sus vidas, pienso que estos también son instrumentos en potencia esperando ser lanzados, y aunque no hayan pedido o sentido un ministerio, Dios los quiere usar a su debido tiempo.

Capítulo 2

El llamado

¡Heme aquí, envíame a mí!

Soy un convencido que en estos tiempos hay apóstoles y profetas con un mover poderoso de Dios, pero veo con mucho espanto cómo crecen invasivamente los «apóstoles» y «profetas» que se están autodenominando así. Hombres y mujeres que se olvidaron de los procesos de Dios. O sea, que del «dicho al hecho hay un trecho...». Y de la promesa al cumplimiento hay un tiempo en el cual el Señor tratará tanto el corazón como el carácter de los hombres y mujeres que han sido llamados.

A muchos se les ha olvidado que uno no se llama a sí mismo, sino que uno es llamado. He visto personajes con iglesias cuya congregación no pasa de 30 o 40 miembros y ya dicen ser apóstoles, y su testimonio revela lo contrario. He escuchado personajes hablando barrabasadas; ¡y dicen ser profetas!

¿Qué sucede con la formación? ¿Por qué muchos se rehúsan a estudiar? ¿Por qué crees que estamos viendo ministerios subir como palmera y caer como cocos?

El que se cree firme mire que no caiga... Por eso te invito a continuar preparándote para levantar esa iglesia que el mundo pide a gritos. Una iglesia balanceada y madura. ¡Dios, no permitas que nuestros corazones se prostituyan en estos tiempos de seducción!

En este asunto del llamado he podido entender que es algo muy personal, uno siente que Dios le llama. Tú eres el primero, y debes ser el primero en saber que el Señor te llama para esa tarea santa de servirle a Él; debes tener total convicción de que es el Señor quien te llama, y no el hombre.

Fueron muchas experiencias en las cuales Dios nos hablaba de nuestro llamado, en las siguientes líneas, Lucía y yo vamos a contarles algunas de ellas. Comenzaré con una anécdota que ocurrió cuando estaba recién convertido.

Estando en un culto dominical, en una campaña con el pastor Linsie Cristhie, este hizo un llamado al altar, y yo pasé, él se acercó a mí y me llamó por mi nombre (sin conocerme), sus palabras fueron: «**Gustavo, Gustavo te llamé, te puse nombre, mi hijo eres tú, te he llamado como trompeta a las naciones**».

Esto estremeció mi corazón, ya que estaba recién convertido y no entendía cómo un hombre que no me conocía me llamaba por mi nombre y me decía estas palabras. Creo y entiendo que ahí se plantó la semilla de un oficio profético que un día daría fruto, fue precisamente ahí donde Dios empezó a hacer en mis entrañas algo que a veces es difícil de explicar, ya que comencé a ser «embarazado» del amor de Dios, así como de su deseo de trabajar y servir.

Vino a mí un cúmulo de sentimientos que se mezclaban, pero que debía atender con suma obediencia. Me sucedió como en las festividades, cuando se lanzaba la pólvora, subí cual cohete y exploté allá arriba. Tuve que explotar, porque salí corriendo de la tienda sin importar familia, casa, trabajo ni las responsabilidades por la emoción de un llamado. Sin embargo, cuando exploté volví a caer en tierra, entendiendo que el llamado al ministerio demanda un equilibrio.

Recuerdo cuando mi cuñada, la hermana de mi esposa, le decía que yo sería el último (de toda la familia) en llegar a los pies de Cristo, pero cuando eso ocurriera me pasaría a todos por causa del llamado; entonces, tuve que aprender a buscar un equilibrio.

Otra de nuestras experiencias fue en una campaña en la iglesia, Dios habló a nuestro corazón a través de un profeta que se encontraba en ese lugar, nos apartó y nos rodeaba.

—Les doy vara y cayado —tomó un bastón que estaba en ese lugar, lo puso en nuestras manos, y añadió—: tú [Gustavo] entrarás y saldrás, pero tú [Lucia] te quedarás y guardarás el redil.

Ese día, yo [Lucia, quien te estará narrando en los siguientes párrafos], no acepté esa palabra. Yo le decía a mi esposo: «si tú sales, yo voy contigo, además, soy odontóloga, entonces el llamado como es para ti, tú te ocupas de las cosas de Dios mientras que yo me ocupo de la casa».

Vivíamos muy bien, mi esposo tenía su trabajo secular y era pastor de la iglesia y yo era odontóloga en un Centro Médico Cristiano. En aquel entonces, todo funcionaba bien, pero una palabra había sido dada a nuestro espíritu, y esa palabra tenía que dar fruto, y para que una semilla dé fruto debe morir primero, como dice su palabra en Juan 12:24: «De cierto, de cierto os digo, que, si el grano de trigo no cae en la tierra y muere, queda solo; pero si muere, lleva mucho fruto».

Allí empezó el proceso del llamado, de la noche a la mañana dejaron de venir los pacientes, pasaron días, semanas, que no asistía nadie a consulta, lo que me llevó a renunciar. Entretanto, en la empresa donde trabajaba mi esposo las cosas se pusieron muy difíciles y también le fue necesario renunciar. Empezó el grano de trigo a morir.

En ese mismo año, en octubre 31, se nos vencía el contrato del apartamento que teníamos en arriendo y era necesario buscar otro apartamento, a principios del año mi esposo me dijo que ese año Dios nos iba a regalar una casa. No teníamos dinero, no teníamos trabajo, no obstante, Dios lo había dicho y lo iba a cumplir. De este modo, en agosto empezamos a buscar casa sin tener dinero, pero con la palabra de Dios dada a nuestro espíritu que tendríamos la casa.

Mi abuelo, que vivía en Bucaramanga y no sabía de nuestra situación, me llamó sorpresivamente.

—Mija, voy a vender un apartamento en Bucaramanga para que ustedes compren un apartamento en Bogotá —dijo.

Dada esa noticia, viajé a Bucaramanga y recibí el dinero (en ese entonces fueron 28 millones de pesos los que mi abuelo me dio. Saqué el diezmo de ese dinero, y me quedaron 25 millones. Después de eso, estuvimos viendo casas con el propósito de empezar una iglesia en la casa donde íbamos a vivir.

Así fue como encontramos una que nos gustó mucho, hablamos con la dueña y nos respondió: «Listo, les vendo la casa»; pero el 22 de octubre la señora nos dijo que ya no la vendía. Decidimos darle las *siete vueltas de Jericó* a la casa, lo hicimos declarando que era nuestra. Igual que lo hicieron los israelitas en el libro de Josué, Dios ordenó a Josué dar siete vueltas a Jericó para que los muros fueran derribados.

Terminamos las vueltas y al otro día la señora nos llamó para decirnos que algo la había inquietado mucho, de modo que, tenía que vendernos la casa. Nos puso cita en una notaría en la ciudad de Bogotá para el 30 de octubre. Era un viernes. La casa valía 45 millones; solo teníamos 25 millones, pero íbamos a comprar la casa. Sin pensarlo, le dijimos que allí estaríamos con el dinero para efectuar la compra.

El día de la cita fuimos a la notaría con los 25 millones e hicimos promesa de compraventa, le dimos los 25 millones y quedamos de pagarle el resto el 20 de enero del siguiente año. Nuestro propósito era pedir un préstamo para poder pagar el saldo de la casa. Sin embargo, ¡ya no teníamos trabajo!, además, en ese enero, los bancos cerraron los créditos para casas usadas, o sea, no teníamos cómo pagar el dinero faltante de la casa.

Cuando ya habíamos agotado todos los recursos, mi abuelo nos llamó y nos envió el dinero faltante para pagar el compromiso. El grano seguía muriendo: poseíamos una linda casa, pero estábamos desempleados.

En aquella época teníamos tres hijos y quedé embarazada de nuestra cuarta hija. Ese año fue muy difícil porque como no había trabajo, no había recursos, no había servicio médico, por lo tanto, mi embarazo no fue atendido.

Mi esposo salía todas las mañanas a vender mercancía en la mano, inicialmente eran medias y camisetas. Compraba camisetas de manga larga, y hacía calor; entonces, compraba camisetas manga sisa, pero hacía frío.

Una mañana mi esposo salió a vender su mercancía y aproximadamente una hora después volvió sin vender nada, así que me paré frente a él muy enojada y le pregunté: «¿Qué haces acá?, ¿por qué no estás vendiendo?».

—Tú estás robando la bendición de la casa —me dijo mirándome a los ojos seriamente.

—¿Yo?

—Sí —insistió Gustavo.

Ese día fui a mi lugar secreto, oré a Dios y le dije «si soy yo quien está robando la bendición dímelo tú mismo». Estuve allí toda la mañana esperando una palabra de parte de Dios que me confirmara esto, y Dios en su infinito amor me llevó a Filipenses 4:19: «Mi Dios, pues, suplirá todo lo que os falta conforme a sus riquezas en gloria en Cristo Jesús».

Fue tal el impacto que produjo esta palabra a mi corazón que lo escribí en un octavo de cartulina y lo pegué en el clóset de nuestra habitación para que no se me olvidara que no era mi esposo mi proveedor, sino Dios, *¡Jehová Jireh!*

Ese mismo día que mi esposo regresó temprano a la casa porque estando en un semáforo, ofreciendo la mercancía (camisetas manga sisa), un hombre lo llamó desde un BMW, y él, pensando que le iba a comprar toda su mercancía, se acercó a la ventana polarizada del vehículo, cuando este bajó el vidrio, ¡ah!, ¡sorpresa! Era un pastor amigo.

—Oiga siervo, así como es valiente para salir a vender ropa en la calle, sea valiente para creerle a Dios que Él lo sostiene en su ministerio. —Volvió a subir el vidrio polarizado y arrancó en su vehículo chirriando las llantas.

Desde ese día y hasta el día de hoy Dios siempre ha suplido todo lo que necesitamos y aún más. Sin embargo, yo seguía insistiendo en que era odontóloga, y tercamente quise montar el consultorio privado en mi casa, como tenía la unidad de odontología me parecía muy fácil empezar a trabajar. Ya que la situación era apremiante, pensé: «¿Por qué desperdiciar esto que tengo aquí?».

—Tenemos un espacio en la casa donde puedo trabajar, oremos a Dios a ver si nos suple para adecuar este espacio y colocar allí el consultorio.

—¡Hay una palabra que Dios te dio! —dijo Gustavo mientras me observaba.

Y así como Dios lo había dicho, y como Gustavo me lo recordaba, de una forma sobrenatural apareció un dinero en la cuenta: 500 000 pesos. No teníamos mercado, nos hacían falta muchas cosas, pero yo le dije a mi esposo: «¡Esa es la respuesta!» En lo posible, llamé a un técnico para instalar la unidad en mi casa.

—Listo, tenemos que hacer dos huecos en la pared para tener acceso al baño o a la calle —me contestó el hombre, y añadió—: ¿Por dónde empezamos?

—Hagamos el hueco que da hacia el baño para que no quedemos tan inseguros, ya que mi esposo no está en la ciudad.

Mi esposo estaba de campaña en Manizales, una ciudad de Colombia. Así que este señor abrió el hueco en la pared.

—Ahora, deme 500 000 pesos para comprar los materiales y venir mañana —dijo con firmeza.

—¡No! Le doy 200 000 pesos y un equipo de sonido —aclaré.

Además de lo ya acordado, en el sitio donde se iba a instalar la unidad había una alfombra y se la regalé.

El hueco en la pared permaneció durante dos años, pues el técnico nunca más volvió. Cuando Dios hace un llamado no hay nada que pueda detenerte, ni impedir el propósito de Dios en tu vida.

Eso sí, debemos afinar nuestro oído para poder escuchar la voz de Dios y no la nuestra. Dios me había hablado, pero algo en mí me decía «no desperdicies lo que has invertido en tu carrera ni lo que tienes, ya que esto puede ser útil hasta para ayudar a otras personas».

Ahora veo más claramente esto en mi vida, y me aseguro de que es Dios el que está hablando. Como lo vemos en esta historia bíblica en 1 Samuel. 3: 2-21:

> Y aconteció un día, que estando Elí acostado en su aposento, cuando sus ojos comenzaban a oscurecerse de modo que no podía ver, Samuel estaba durmiendo en el templo de Jehová, donde estaba el arca de Dios; y antes que la lámpara de Dios fuese apagada, Jehová llamó a Samuel; y él respondió: Heme aquí. Y corriendo luego a Elí, dijo: Heme aquí; ¿para qué me llamaste? Y

Elí le dijo: Yo no he llamado; vuelve y acuéstate. Y él se volvió y se acostó. Y Jehová volvió a llamar otra vez a Samuel. Y levantándose Samuel, vino a Elí y dijo: Heme aquí; ¿para qué me has llamado? Y él dijo: Hijo mío, yo no he llamado; vuelve y acuéstate. Y Samuel no había conocido aún a Jehová, ni la palabra de Jehová le había sido revelada. Jehová, pues, llamó la tercera vez a Samuel. Y él se levantó y vino a Elí, y dijo: Heme aquí; ¿para qué me has llamado? Entonces entendió Elí que Jehová llamaba al joven. Y dijo Elí a Samuel: Ve y acuéstate; y si te llamare, dirás: Habla, Jehová, porque tu siervo oye. Así se fue Samuel, y se acostó en su lugar.

Y vino Jehová y se paró, y llamó como las otras veces: ¡Samuel, Samuel! Entonces Samuel dijo: Habla, porque tu siervo oye. Y Jehová dijo a Samuel: He aquí haré yo una cosa en Israel, que a quien la oyere, le retiñirán ambos oídos. Aquel día yo cumpliré contra Elí todas las cosas que he dicho sobre su casa, desde el principio hasta el fin. Y le mostraré que yo juzgaré su casa para siempre, por la iniquidad que él sabe; porque sus hijos han blasfemado a Dios, y él no los ha estorbado. Por tanto, yo he jurado a la casa de Elí que la iniquidad de la casa de Elí no será expiada jamás, ni con sacrificios ni con ofrendas.

Y Samuel estuvo acostado hasta la mañana, y abrió las puertas de la casa de Jehová. Y Samuel temía descubrir la visión a Elí. Llamando, pues, Elí a Samuel, le dijo: Hijo mío, Samuel. Y él respondió: Heme aquí. Y Elí dijo: ¿Qué es la palabra que te habló? Te ruego que no me la encubras; así te haga Dios y aun te añada, si me encubrieres palabra de todo lo que habló contigo. Y Samuel se lo manifestó todo, sin encubrirle nada. Entonces él dijo: Jehová es; haga lo que bien le pareciere.

Y Samuel creció, y Jehová estaba con él, y no dejó caer a tierra ninguna de sus palabras. Y todo Israel, desde Dan hasta Beerseba, conoció que Samuel era fiel profeta de Jehová. Y Jehová volvió a aparecer en Silo; porque Jehová se manifestó a Samuel en Silo por la palabra de Jehová.

Samuel podría saber que Dios era quien lo llamaba si tenía la disposición correcta. Podremos esperar que Dios nos hable si nos disponemos a oír lo que Él nos quiere hablar. Como Samuel, muchos miembros de la congregación tienen voluntad de servir; no obstante, por falta de intimidad con Dios, no han entendido el llamado; por eso quiero transmitirte que es necesario tener un oído sensible a la voz del Espíritu, sensible a la voz de Dios durante esos momentos en los cuales el Señor se quiere manifestar para enseñarnos su propósito y hacernos caminar en su voluntad.

Amado/a lector/a, quiero hacer énfasis en un aspecto de la intervención que en los párrafos anteriores hizo Lucía con respecto al llamado que Dios hace al *hombre*: aquí juega un papel importante el silencio del secreto tuyo para con Él, porque —la gran mayoría de las veces— el bullicio de la multitud no deja escuchar que Dios nos está llamando.

Es decir, esto nos lleva a una vida de intimidad con Dios (altar personal). Aunque Samuel estaba sirviendo en el templo, no tenía intimidad con Dios, estaba en los quehaceres. Esto nos permite entender la necesidad de separar los momentos de servicio y de intimidad, pues para que haya un llamado es imprescindible tener una vida de intimidad personal, de oración.

En Lucas 10:41-42 podemos recordar las palabras sabias de Jesús cuando le dice a Marta, hermana de

María: «… Marta, Marta, afanada y turbada estás con muchas cosas. Pero solo una cosa es necesaria; y María ha escogido la buena parte, la cual no le será quitada».

El mucho servir de Marta, al igual que en el caso de Samuel, no la dejó entender lo que es la intimidad con Él. Por eso las palabras clave del Señor fueron: *María tiene intimidad, y tú tienes mucho que hacer.* Es muy obvio que en el llamado se necesitan las Martas y las Marías; es decir, quienes estén sirviendo y quienes estén en el secreto con Dios, pero de una manera equilibrada.

Allí en el secreto se aprende a oír su voz, eso era lo que Dios quería con Saúl cuando le pidió (por boca del profeta Samuel) que fuera a la encina de Tabor, donde le saldrían al encuentro tres hombres: uno llevando tres cabritos, otro llevando tres tortas de pan y el tercero llevando una vasija de vino; ahora bien, hablar de encina, es hablar de intimidad, profundidad, secreto. Allí Dios se le revelaría como el Dios trino. En la intimidad le daría para hablar hacia fuera, porque en la intimidad se gesta el *hombre nuevo,* el que tiene llamado, ministerio (1 de Samuel 10:3).

Soy yo quien debo tener claro que hay un llamado de Dios a una tarea ministerial, luego el Señor revelará ese llamado a otros, y por eso, seré identificado por los demás, y me llamarán por el nombre del ministerio que Dios me haya dado (yo le digo a la iglesia que pastoreo: «a mí me llaman, yo no me llamo»); hay quienes gustan presentarse como el *apóstol Fulano* o como el *profeta X* o *Y*, tienen «llamados» de rótulo, de título, de hombre y no de Dios.

En este punto, es importante resaltar que **no debe haber afán en ser reconocidos por los hombres, pues lo que debemos cuidar es ser llamados y aprobados por Dios.**

Hoy son muchos los integrantes de la iglesia cristiana,

pero una buena cantidad de estos están como miembros de un club social, han olvidado que la iglesia de Jesucristo está integrada por hombres y mujeres santamente comprometidos con un llamado perfecto de Dios. Génesis: 3:8 nos dice:

> Y oyeron la voz de Jehová Dios que se paseaba en el huerto, al aire del día; y el hombre y su mujer se escondieron de la presencia de Jehová Dios entre los árboles del huerto. Mas Jehová Dios llamó al hombre, y le dijo: ¿Dónde estás tú?

En este pasaje se relata el momento en el cual el hombre, por el pecado de desobediencia, se esconde del llamado de Dios; así, hoy por hoy, hay muchos escondiéndose del llamado del Señor.

En 1 de Samuel 10:21-22 se dice de Saúl que le buscaron, pero no fue hallado, preguntaron al Señor por él y respondió: «He aquí que él está escondido entre el bagaje». La Biblia no especifica qué hizo esconder a Saúl, pero se puede ver que el temor a enfrentar un nuevo cargo o una nueva vida era uno de sus motivos; para otros es el sentirse incapaz, o no creerse la persona apropiada para realizar una tarea —ese pudo ser también el caso de Saúl—.

Cuando vino el llamado de Dios a mi vida fui confrontado. Quiero contarles cómo me confrontó: tuve que apartar al hombre natural del hombre espiritual (sin olvidar que el Señor estaría usando el mismo *recipiente).* Con el llamado surgieron muchas preguntas, pero mencionaré las más escuchadas, usadas o populares que encontramos:

- ¿Por qué yo?
- ¿Cómo lo haré?
- ¿Hasta cuándo?
- ¿Para qué?

Al pasar el tiempo, he podido encontrar respuesta a muchas de las interrogantes que me he planteado, las que ya mencioné podría responderlas en este orden:

- Porque soy un instrumento en sus manos.
- Conforme a la voluntad de Dios.
- Hasta que parta a su presencia.
- Para su gloria.

Así de sencillo, y para no darle lugar al diablo de poner duda en el corazón, Dios nos está llamando a algunos a ser apóstoles, a otros profetas, a otros evangelistas, a otros pastores y a otros maestros, o a formar parte de cualquier otro ministerio de los tantos que encontramos en las iglesias hoy.

Pero se requiere que atiendas la voz de Dios y no la voz del que se esconde al llamado. El Señor no quiere a hombres y mujeres con la actitud de Jonás, que huyen y se esconden ¡dizque de la presencia del Señor! Él quiere hombres y mujeres que sepan decir como lo dijo Isaías: **¡Heme aquí, envíame a mí!**

El llamado demanda un carácter definido del hombre que ha sido escogido para una labor divina. En pocas palabras, tú dejas de ser lo que eras, como expusimos en el capítulo anterior que le ocurrió a Eliseo, él era un comerciante del campo y araba con la doceava yunta, y al toque del manto del profeta Elías (un acto sutil, pero con un significado profundo): Dios lo llamó.

A partir de ese momento comienzas a ser una nueva persona en el Señor, y el cambio demuestra que has crecido, madurado y aprendido; es decir, dejas de ser ese *viejo hombre*, viciado, y comienzas a ser el *nuevo hombre*, el comprado con la sangre de Cristo. ¿Cuándo sucede esto? Cuando te encuentras con el Señor, cuando tienes esa experiencia con Él, cuando empiezas a crecer en el conocimiento de su palabra y cuando eres testimonio (*hombre de fruto*), **pues, por sus frutos los conoceréis** (Mateo 7:16).

Ahora lo explicaré de esta manera, Dios aún está buscando materia prima disponible; hombres y mujeres dispuestos a dejarse trabajar, formar y ser capaces de pasar por los procesos que Él tiene para cada uno de nosotros. El caminar de la vida del cristiano está lleno de procesos que van formando al *nuevo hombre* y van esculpiendo el corazón del Señor en él. ¿Podrás decir si tú eres uno de aquellos a quien Dios escogió para tallarles la nueva vida que Él demanda?, ¿o eres un espectador de una gran corrida de toros en medio de la muchedumbre?

Considero este tiempo muy decisivo para la iglesia del Señor, pues Él está llamando a sus ministros para que seleccionemos correctamente a quienes tienen llamado de Dios a servir. Ya no más apuntar con el dedo para seleccionar a Fulanito o Fulanita, por «esto» o «por aquello». Es necesaria la convicción propia del llamado directo del Señor para que podamos seleccionar a quienes tienen un verdadero llamado. ¡Qué bueno los títulos, y gloria a Dios por ellos!, porque la preparación es importante, pero a Dios se le sirve con convicción profunda, teniendo la seguridad de su llamado.

Cuando lo de Dios viene a un hombre o a una mujer, sencillamente viene porque a Él le place, porque así Él lo quiere, y no porque él, ella o tú lo pidieran; ahora, sé que en oración puedes haber pedido muchas cosas, y algunas se te han cumplido, es decir, las has recibido, pero el caso es que Dios te quiso dar; y hoy más que nunca el Señor está queriendo entregar a los suyos multitud de regalos espirituales para que cosas mayores hagamos en su nombre.

Siguiendo con estas ideas, Lucía va a contarte cómo fue su llamado.

Yo [Lucía], al ver lo que Dios hacía a través de mi esposo y cómo lo usaba proféticamente, trayendo tanta bendición a gente que no lo conocía, le decía al Señor: «Yo soy su esposa, yo duermo con él; dame un poco de lo profético que él tiene». Sin embargo, no pasaba como yo quería: algunas veces tenía sueños; otras veces me hablaba a través de la palabra, pero no en la dimensión que lo hacía con mi esposo.

Una mañana, estando en campaña en San Cristóbal, Venezuela, oraba, y pedía a Dios que me diera algo de lo profético que tenía mi esposo, entonces, Él me habló y me dijo: «La unción de tu esposo es su unción, es la que yo le di a Él; la tuya es diferente, cuando me pidas lo que tengo para ti derramaré de mi Espíritu y confirmaré el llamado».

Es bien importante anotar lo siguiente: el llamado profético es un llamado directamente de Dios, el don profético está para todos aquellos que lo anhelen, pero el llamado como profeta es diferente, es para quienes han sido llamados; esto se explicará más adelante.

Mi amado esposo, aunque es profeta, pocas veces me habla de parte de Dios. Un día, cuando llegué de Venezuela, estando en un culto en la iglesia, me habló Dios a través de él diciendo: «Yo te llamé como profeta a las Naciones, como dice en Jeremías». Y usó esa porción para confirmar. «Antes que te formase en el vientre te conocí, y antes que nacieses te santifiqué, te di por profeta a las naciones» (Jeremías 1:5).

En Venezuela Dios me habló, esa mañana entendí que no es por relación o familiaridad con un profeta, por leer muchos libros acerca de la profecía o por estudiar para ser profeta, es por llamado directamente de Dios. Es que Dios bendice a quien quiere, tal y como le ocurrió a Mefi-boset, quien había nacido en una familia prestigiosa, pues era el hijo de Jonatán y nieto del Rey Saúl. Así está escrito en 2 de Samuel 4:4:

> Y Jonatán hijo de Saúl tenía un hijo lisiado de los pies. Tenía cinco años de edad cuando llegó de Jezreel la noticia de la muerte de Saúl y de Jonatán, y su nodriza le tomó y huyó; y mientras iba huyendo apresuradamente, se le cayó el niño y quedó cojo. Su nombre era Mefi-boset.

Permíteme hacer un recuento histórico, Mefi-boset nació sano, pero a sus cinco años su nodriza o niñera (una mujer que representa un tipo de iglesia, hombres o mujeres que actúan imprudentemente) oyó una noticia procedente de Jezreel (esto simboliza fuente extraña), pero distorsionó el mensaje, pues la noticia no decía que iban a matar a Mefi-boset, sino que informaba la muerte de Saúl y Jonatán; sin embargo, la nodriza en su loca carrera tomó a Mefi-boset y lo dejó caer, y este quedó lisiado de los pies.

Por esa historia conocemos que Mefi-boset vivía en Lodebar —que significa 'tierra desierta', sin pasto ni fruto—, y David, recordando el pacto hecho con Jonatán, preguntó si había quedado alguno de la casa de Saúl a quien él pudiera mostrarle misericordia por amor a Jonatán, y Siba le respondió que quedaba Mefi-boset, quien era lisiado de los pies y se encontraba en Lodebar. Entonces, el rey David lo mandó a llamar, para que se sentara a su mesa, comiera en la mesa real, y también para devolverle todas las tierras de Saúl, su padre.

Retomando lo ya expuesto, quiero resaltar estas ideas: No importa quien hayas sido en el pasado, Dios no mira eso. Él solo te quiere bendecir, para que tú *seas bendición* en el reino. **Dios mira quién serás con Él, a dónde llegarás con Él, lo que tendrás en Él.**

En este asunto del llamado, recordemos que eres tú

quien primero recibe su confirmación cuando te invade un sentimiento interno propio, por así decirlo. Luego se ven los frutos por los cuales muchos te conocerán y, por eso, el mismo pueblo testificará de tu llamado. Entonces, la autoridad de la iglesia local reconocerá en ti dicho llamado y te ungirá para este, pero nunca olvides lo siguiente: del dicho al hecho hay un trecho, y de la promesa al cumplimiento hay un tiempo.

En otras palabras, hay un camino de formación, de crecimiento por recorrer, y es necesario esperar el tiempo de Dios para ver el cumplimiento de lo que Dios ha declarado en tú vida. O sea, «*que no te precipites pites y no te desesperes peres*».

También podemos decir que, en otros casos, Dios le revela ese llamado a la autoridad local (como sucedió con Bernabé y Saulo). En Hechos 13:1-3 leemos:

> Había entonces en la iglesia que estaba en Antioquía, profetas y maestros: Bernabé, Simón el que se llamaba Niger, Lucio de Cirene, Manaén el que se había criado junto con Herodes el tetrarca, y Saulo. Ministrando estos al Señor, y ayunando, dijo el Espíritu Santo: Apartadme a Bernabé y a Saulo para la obra a que los he llamado. Entonces, habiendo ayunado y orado, les impusieron las manos y los despidieron.

Este es el reconocimiento y el llamado a un ministerio por medio de lo que Dios revela a las autoridades, sean apóstoles, profetas, evangelistas, pastores o maestros. Acá quiero resaltar algo muy importante mostrado en la Biblia, después de la experiencia que tuvo Saulo de Tarso camino a Damasco, donde una luz lo rodeó y la voz del Señor vino sobre él, también vino palabra de Dios sobre Ananías (a quien el Señor llamó para que fuera al encuentro de Saulo), pero Ananías manifestó el temor que tenía hacia Saulo de Tarso por su reputación. En ese pasaje del libro de los

Hechos 9:15-16 está escrito:

> El Señor le dijo: Ve, porque instrumento escogido me es este, para llevar mi nombre en presencia de los gentiles, y de reyes, y de los hijos de Israel; porque yo le mostraré cuánto le es necesario padecer por mi nombre.

Yo, Gustavo, soy el sexto de ocho hijos, de allí me tomó el Señor, y por mí entró el evangelio a mi casa. David (el salmista) fue el octavo. Y si analizo otros personajes bíblicos veo que: Eliseo araba con la doceava yunta de bueyes; Gedeón, escondido, sacudía el trigo; Jefte, el galaadita, era hijo de una prostituta; y así sucesivamente otros personajes más que podemos encontrar en la Biblia.

Al igual que Pablo, todos fuimos escogidos como instrumentos para una «labor X». Ahora bien, quiero destacar que cuando Dios ve en ti un llamado, donde tú estás, de allí Él te tomará, porque si Dios vio perfil en ti por encima de lo que sea, serás un instrumento en sus manos. Estoy convencido, junto con mi esposa, que Dios está apuntando al corazón de los hombres con perfil para el llamado.

Así como lo hizo con David. Cuando Dios envió al profeta Samuel a escoger a un hijo de Isaí de Belén, para ser rey en reemplazo de Saúl, Dios tuvo que hablarle, pues él se maravilló con Eliab (1 Samuel 16:7):

> Y Jehová respondió a Samuel: No mires a su parecer, ni a lo grande de su estatura, porque yo lo desecho; porque Jehová no mira lo que mira el hombre; pues el hombre mira lo que está delante de sus ojos, pero Jehová mira el corazón.

Si Dios vio perfil en ti para el llamado, debes entender que el asunto no está en el aspecto físico, está en tu corazón, Dios escudriña nuestro corazón; el perfil se refiere a características, a los rasgos, a la personalidad, a la peculiaridad, a las cualidades y también a las actitudes (sobre eso hablaremos en el próximo capítulo).

Al profeta le dijeron «queda aún el menor que apacienta las ovejas». Dios conoce que detrás de tu edad, tras las ovejas, en medio de la muchedumbre o en medio de tus familiares, ahí estás tú, y de allí Dios te tomará. Donde otros no califican, es decir, donde otros no tienen el perfil, ahí es donde tú entras en escena, porque Dios sabe dónde estás y de allí Él te llama.

Si Dios vio un perfil en ti para el llamado, no fue para que te quedes en el plano o en el nivel donde te encontró, sino para que comiences esa carrera de ascenso en Dios, y eso será puliéndote, preparándote; es por lo que creemos, no por lo que podamos estar viviendo. Prepárate, utiliza ese tiempo de intensa preparación para catapultarte al nivel requerido en el llamado. Le dijeron al profeta «queda aún el menor, que apacienta las ovejas», pero Dios vio perfil en él para un llamado especial.

Si en tu presente todavía no ves lo grande, eso no te debe impedir que sigas soñando en grande. Te recuerdo que Dios le habló al profeta en 1 de Samuel 16:7 y le dijo: **No mires a su parecer, ni a lo grande de su estatura, porque yo lo desecho.** Lo que para el hombre es perfil para un llamado, para Dios solamente es desecho, porque Dios mira el corazón.

Entendamos que las cosas materiales, físicas, no están en el perfil que mira Dios para un llamado, pues Él está interesado en tú corazón. No importa cuántos hombres te descalifiquen, es Dios quien te hace el llamado (aun cuando Dios use a los hombres para traerte al llamado). Hay voz de Dios en este tiempo haciendo un llamado a hombres que tienen el perfil indicado; es decir, a quienes tienen el corazón conforme a los deseos de Dios, tú puedes ser uno de ellos, está atento/a.

Capítulo 3

El carácter del profeta

El hombre de carácter
no vienen a declarar aquello
que los hombres quieren oír,
sino lo que Dios quiere hablar.

Al analizar a los profetas Bíblicos y a los de hoy concluimos que su labor o tarea a desarrollar no puede considerarse como una cosa o un asunto fácil, sino como algo bastante difícil de ejecutar, eso nos lleva a pensar que los profetas de las escrituras tenían un carácter específico, especial o único, es decir, los profetas eran y son hombres de carácter específico.

Al hablar de un carácter específico debemos entender que esto encierra un estilo, por así decirlo, característico en la conducta de quienes fueron o son profetas. Esto señala que su trabajo o labor no estaba enfrascado en paradigmas, estilos o patrones establecidos.

Todo lo que Dios quería declarar por boca del profeta, o toda acción a ejecutar era y es todavía, sin duda alguna, un poderoso desafío para cumplirlo. Decisión, determinación y carácter específico permiten ver la veracidad del profeta. En Romanos: 12:6-9 encontramos un pasaje que nos habla del carácter profético:

> De manera que, teniendo diferentes dones, según la gracia que nos es dada, si el de profecía, úsese conforme a la medida de la fe; o si de servicio, en servir; o el que enseña, en la enseñanza; el que exhorta, en la exhortación; el que reparte, con liberalidad; el que preside, con solicitud; el que hace misericordia, con alegría.

Es una persona que se caracteriza por recibir las cosas como son, blanco o negro, sin grises, sin términos intermedios. Es quien tiene el poder para manifestar en un grado mayor, esa faceta del carácter de Dios. Generalmente su manifestación es en cuanto a opiniones, consejos, decisiones, pero en este sentido, es oportuno aclarar lo siguiente, el que una persona manifieste un carácter profético tampoco la hace profeta.

Ahora vamos a definir qué es «carácter» según el diccionario Larousse Enciclopédico (2000): viene del latín *characterem,* del plural 'caracteres'. Conjunto de cualidades psíquicas y afectivas que condicionan la conducta de cada individuo humano, distinguiéndolo de los demás.

¿Dónde se desarrolla ese carácter? El carácter se desarrolla mediante las diferentes circunstancias que vivimos, allí, en las manos de Dios, a través de las pruebas nuestro carácter va siendo moldeado, pulido, con el fin de prepararnos y madurarnos para el ministerio que Dios nos quiere dar.

Puedo afirmar que lo primero que es moldeado es tu carácter como persona, pues es lo que te distingue de los demás y te hace marcar la diferencia; y acá vale aclarar que una cosa es el carácter personal y otra cosa es el carácter ministerial, el empresarial y el profesional.

En los inicios de mi vida cristiana me caracterizaba por ser un hombre muy generoso, invitaba a cenar, a comer a todo el mundo, y me enorgullecía porque yo podía pagar la cuenta, pero esa soberbia, ese orgullo que estaban escondidos o camuflados en mí (y tenían apariencia de otras cosas) debían ser derribados. Y fue cuando aparecieron procesos en mi vida, precisamente, de los que tratan y moldean el carácter para llevarnos a la madurez.

Me quedé sin trabajo secular, como te comenté anteriormente, lo perdí todo: tenía acumulado el pago de todos los servicios de la casa, el pago de la mensualidad de los colegios, atrasadas las tarjetas de crédito, todo acumulado por ocho meses, era una deuda gigante; tuve que aprender a vivir mi proceso. Mi esposa se asombraba porque no protestaba, no había queja alguna en mí, fueron tiempos donde nos privamos de una salida a comer helados, o a tomar una gaseosa, e invitar a alguien y yo pagar la cuenta. Guardé silencio, pero estuve caminando en la fe creyendo que Dios daría respuesta, y fue justo en ese tiempo cuando Dios trató con mi carácter.

Ahora viene a mi memoria una de las cosas que marcó fuertemente mi corazón y ayudó a moldear mi carácter; mientras mi esposa estaba embarazada de nuestra cuarta hija, Daniela, cuando salíamos en familia y ella se antojaba de helado de pistacho los niños gritaban «¡sí, queremos helado de pistacho!», y yo, con profundo dolor en mi corazón, tenía que decirles a mis hijos: «Solo su mamita, que está embarazada y con antojos, va a comer helado de pistacho porque no alcanza para más».

Recuerdo que montaba a mis niños en mis hombros para salir de casa cuatro horas antes del servicio, porque nos tocaba caminar desde la calle 173 a la calle 56. Eran unos cuantos kilómetros. ¡Ahí Dios trataba mi carácter! Pero a pesar de todo eso, me dije: «Es necesario que ninguna cosa que esté aconteciendo, viviendo o experimentando en mi vida personal, familiar y ministerial pueda llegar a violentar mi carácter a tal punto que me deje seducir por cosas que no correspondan». ¡Es necesario mi proceso!

En el caminar de mi vida ministerial se han presentado diferentes situaciones que demandan en mí carácter definido. Recuerdo a una mujer en la ciudad de Cali, Colombia, en cierta iglesia donde estaba predicando, se me acercó y me dijo:

—Míreme a la cara. ¿Qué me ve?

—Veo al final de tus ojos las patas de gallinas (las arrugas por la edad), veo un lunar al lado derecho de tu nariz —dije sonriendo.

—No, no, en serio, míreme a los ojos. ¿Qué me ve que tenga que decirme de parte de Dios? —me dijo entre risas y molestia.

—Querida hermana, no es a través de tus ojos que Dios me va a hablar, sencillamente, Dios me habla, pero si Dios me dice algo que te diga, te lo diré, de lo contrario no quieras poner palabras en mi boca o presionar para que estén en mi boca, y yo tenga que decirte —dije enfáticamente.

Quiero hacer la siguiente aclaración: en mi caso, por mi oficio de profeta, si es necesario y es su voluntad, Dios me hablará las 24 horas del día de cualquier persona que me encuentre en el camino, pero no me puedo convertir en el profeta de cabecera de cualquier persona.

En otro caso, también se me acercó un hombre y me aseguró: «Pastor, Dios me dijo que usted tenía una palabra para mí, y yo quiero escucharlo». Amado/a, el Señor me puede estar dando un mensaje para este hombre, pero por causa del carácter definido y especial en nosotros yo le respondí de la siguiente manera:

> Bueno hijo, Dios te habló, eso me parece maravilloso. Toda la enseñanza que di en el mensaje es más que

suficiente para que Dios te hable; pero a mí Dios no me ha dado ninguna palabra para ti, cuando Dios me diga te lo diré.

No podemos permitirles a las personas que nos obliguen a declarar cosas que Dios no nos ha dicho. Los hombres de carácter débil o, más bien, los ministros de carácter débil terminan enredados en palabras o en dichos que Dios no ha hablado.

Un caso similar al anterior me ocurrió con un hombre que un día se me acercó halagándome de una forma exagerada, después intentó poner en mi mano un billete de determinada cantidad, luego concluyó diciendo:

—¡Profetíceme!

—Hijo, Dios no me ha dicho que te diga nada —respondí mirándolo a los ojos y devolviéndole en su mano el dinero.

No podemos permitir que ni los halagos ni el dinero sean factores de motivación para ejercer un ministerio, y mucho menos para declarar palabras «dizque en el nombre de Dios».

En otra oportunidad, se me acercó una mujer y me contó rápidamente la historia de su borrachín marido, luego añadió:

—Quiero presentárselo porque está aquí, para que usted le profetice que él debe cambiar su vida.

—Le acepto que me presente a su esposo, pero no le voy a profetizar lo que usted quiere que le profetice, solo lo que Dios diga, y si Dios así lo quiere —le aclaré a la hermana.

El hombre de carácter no viene a declarar o a decir cosas que los hombres quieren oír, sino lo que Dios quiere hablar.

En otra ocasión me pasó algo más fuerte en una ciudad de Colombia, cuando se me acercó una mujer y me dijo: «Pastor llevo ocho meses que mi marido no me toca, él hoy está de viaje. ¿Por qué no me visita en mi casa en la tarde que estoy sola?» En un momento como ese, de inmediato llamé al pastor y a la pastora, y les expuse el caso de la señora así:

> La hermana me dice que hace ocho meses su esposo no la toca, que hoy está sola, y me pregunta si puedo ir a su casa; pero yo recomiendo que las hermanas ancianas del ministerio de intercesión puedan visitarla para orar por ella.

Los hombres de carácter no nos dejamos llevar por ningún tipo de tentación. Ahora bien, mirando las cosas a mí alrededor he podido ver cómo el mundo va girando y girando. En su girar arrastra gran cantidad de cosas materiales, llevándose también consigo a hombres y mujeres que por falta de un carácter definido y maduro se dejan envolver en las faldas de la seducción, o seducir por el dinero, o bien, por las apariencias de las cosas, sitios o ministerios, incluso, por la mala conducta de quienes andan en pecado y creen que, aun así, Dios los está usando o respaldando, pero lo que en realidad sucede es que Dios respalda su palabra.

Estamos en tiempos de abrir los ojos del discernimiento para que podamos ver la sutileza con la cual el enemigo nos quiere engañar.

Puedo reconocer en mi carácter dos temperamentos de los cuatro predominantes: colérico y sanguíneo (hoy tratados por el Espíritu), pero en mis comienzos, por la falta de procesamiento en mi carácter tuve grandes luchas, reaccionaba por impulso, aunque eran reacciones para Dios, hacía cosas como quererle profetizar a *Raimundo y todo el mundo.* Donde llegaba soltaba palabra profética a diestra y a siniestra; algunos se asustaban.

Otro aspecto importante añadido al asunto era que

declaraba palabras sin amor, de una forma temeraria, ruda, convirtiéndome en una persona imprudente, que provocaba más miedo que deseo de escuchar a Dios. Repito, eran verdades, pero uno no puede perder el amor de Dios.

Era francote, sin temor a que un hogar resultara lastimado por «x» o «y» pecado de cualquiera de los cónyuges. Esto se relaciona con la ética ministerial (este tema también lo trataremos en las siguientes secciones).

Recuerdo el caso de una mujer, fue hace más de 26 años atrás, estaba mal sentada delante de mí mientras predicaba, desde el mismo púlpito la avergoncé; esa situación debió haberse manejado de forma diferente, pero Dios fue trabajando en mí. Por falta de un carácter maduro, muchas veces desde el mismo púlpito avergoncé a mi esposa y a mis hijos mayores, este aspecto está vinculado con la ética, pero estoy resaltando el carácter.

En cierta ocasión, en la ciudad de Manizales me encontraba en la iglesia del pastor German Alba, en medio de la ministración Dios me llevó hacia un hombre al cual le vi espíritu de muerte y se lo dije, cuando empecé a ministrarlo él cayó al piso. Yo le iba profetizando y, a la vez, por tres veces de forma espaciada le declaré: «Veo espíritu de muerte sobre ti; prepara tus cosas, organiza tu casa», pero no le reprendía el espíritu de muerte que veía sobre él.

No entendía por qué no reprendía, el Espíritu no me dejaba, aunque quería hacerlo, no me era permitido porque como dice la palabra en 1 Corintios 14:32 «**los espíritus de los profetas están sujetos a los profetas**». En ese momento, era necesario tener carácter para sujetar mi espíritu al Espíritu de Dios, pues en los siguientes días iba a entender por qué no debía reprender.

Nosotros estábamos hospedados en el apartamento de la iglesia, y esa noche en la madrugada del lunes nos despertaron unos gritos, se oían unos llantos, eran tan fuertes que retumbaban en todo el templo. Corrimos con los pastores de la iglesia para ver qué acontecía: era ese hombre, llorando y gritando.

Él estaba hospedado en una habitación de la planta baja de la iglesia, y nos comentó que Dios lo había visitado esa noche y que le había hablado de organizar su casa; ese mismo lunes volvió a su vereda, entre el martes y el miércoles puso en orden lo que debía organizar y el jueves murió.

De no desenvolverme con un carácter maduro, sencillamente, habría comenzado a decirle otras cosas, como queriendo aliviar las palabras de muerte o justificarlas, porque decir las cosas que no entendemos cuando Dios las pone en nuestra boca no es fácil. O sea, pude haberle adornado las palabras o pude haber sido más crudo, pero debí tener carácter para decir como Dios me dijo que lo dijera. En 1 de Samuel 3:19-20 se habla sobre este aspecto del carácter del profeta, y refiriéndose a Samuel está escrito que Jehová estaba con él y no dejó caer a tierra ninguna de sus palabras:

> Y Samuel creció, y Jehová estaba con él, y no dejó caer a tierra ninguna de sus palabras. Y todo Israel, desde Dan hasta Beerseba, conoció que Samuel era fiel profeta de Jehová. Y Jehová volvió a aparecer en Silo; porque Jehová se manifestó a Samuel en Silo por la palabra de Jehová.

Samuel se caracterizó por su carácter específico, definido, así el pueblo lo pudo reconocer como un profeta veraz. Puedo ver también que, por el carácter del profeta, Dios le asignaba algunas tareas especiales. En 1 de Samuel 10:1-8 se añade que:

> Tomando entonces Samuel una redoma de aceite,

la derramó sobre su cabeza, y lo besó, y le dijo: ¿No te ha ungido Jehová por príncipe sobre su pueblo Israel? Hoy, después que te hayas apartado de mí, hallarás dos hombres junto al sepulcro de Raquel, en el territorio de Benjamín, en Selsa, los cuales te dirán: Las asnas que habías ido a buscar se han hallado; tu padre ha dejado ya de inquietarse por las asnas, y está afligido por vosotros, diciendo: ¿Qué haré acerca de mi hijo? Y luego que de allí sigas más adelante, y llegues a la encina de Tabor, te saldrán al encuentro tres hombres que suben a Dios en Bet-el, llevando uno tres cabritos, otro tres tortas de pan, y el tercero una vasija de vino; los cuales, luego que te hayan saludado, te darán dos panes, los que tomarás de mano de ellos. Después de esto llegarás al collado de Dios donde está la guarnición de los filisteos; y cuando entres allá en la ciudad encontrarás una compañía de profetas que descienden del lugar alto, y delante de ellos salterio, pandero, flauta y arpa, y ellos profetizando. Entonces el Espíritu de Jehová vendrá sobre ti con poder, y profetizarás con ellos, y serás mudado en otro hombre. Y cuando te hayan sucedido estas señales, haz lo que te viniere a la mano, porque Dios está contigo. Luego bajarás delante de mí a Gilgal; entonces descenderé yo a ti para ofrecer holocaustos y sacrificar ofrendas de paz. Espera siete días, hasta que yo venga a ti y te enseñe lo que has de hacer.

Aquí quiero hacer un alto para poder explicar cómo Él quiere trabajar el carácter de sus hijos, los que hemos sido llamados a una vida cristiana y al ministerio.

Volvamos a leer 1 Samuel 10:1: *Tomando entonces Samuel una redoma de aceite, la derramó sobre su cabeza, y lo besó, y le dijo: ¿No te ha ungido Jehová por príncipe sobre su pueblo Israel?* Notemos que el primer versículo nos está hablando de una unción, pero no es cualquier unción, es una unción con amor. Esto quiere decir que a los que Dios llama, los unge con amor, para que su carácter esté fundamentado en Cristo, que es amor.

Fuera de eso, este primer versículo le revelaba también a Saúl que con él comenzaba la monarquía para Israel; es decir, él sería el primer rey que gobernaría su pueblo. El hombre de carácter definido y maduro debe saber recibir con responsabilidad las revelaciones y la encomienda que Dios tiene para cada uno de nosotros, tú eres quien determina qué hacer con lo que Dios te está revelando.

Del versículo 2 al versículo 8 encontramos cuatro lugares, con cuatro señales, por donde Saúl debía pasar, lugares y señales que serían parte del tratamiento para la madurez y formación de su carácter. Pero quiero resaltar que no encontramos primero el lugar, sino que primero está la señal y luego el lugar; en los otros tres encontramos primero el lugar y luego la señal, y tú podrás entender por qué el orden de ello. En 1 Samuel 10:2 se expresa:

> Hoy, después que te hayas apartado de mí, hallarás dos hombres junto al sepulcro de Raquel, en el territorio de Benjamín, en Selsa, los cuales te dirán: Las asnas que habías ido a buscar se han hallado; tu padre ha dejado ya de inquietarse por las asnas, y está afligido por vosotros, diciendo: ¿Qué haré acerca de mi hijo?

Recordando el versículo 2, leemos: *Que hallaría dos hombres* (esto es señal), *Junto al sepulcro de Raquel* (esto es 'lugar'). Hablar de dos hombres es hablar de las dos naturalezas que el hombre adánico trae, es decir, fuimos hechos en primera instancia conforme a Adán, que es pecado; por eso traemos las dos naturalezas —la espiritual y la carnal— viciadas por el mundo, y las debemos llevar al sepulcro de Raquel, esto significa *muerte*, porque hablar de sepulcro es hablar de muerte.

Por lo tanto, el hombre que llega a Cristo para comenzar a vivir una vida cristiana y ministerial necesita morir a sus dos viejas naturalezas viciadas, porque muriendo estas se da paso a un carácter definido y maduro, no viciado por el mundo y las circunstancias que le rodean.

El hombre de carácter maduro ha muerto a sus viejas naturalezas, no es un religioso, no es un fanático ni mucho menos un libertino, tampoco es un hombre carnal que se deja llevar por las pasiones desordenadas de la carne.

El hombre que ha muerto a sus viejas naturalezas vive para lo nuevo en Cristo, porque morir a las viejas naturalezas (carnal y espiritual) es no permitirle al alma que nos arrastre, pues en el alma está la mente, la voluntad y la emoción.

El hombre que no ha muerto a sus viejas naturalezas (carnal y espiritual) va en contravía de las cosas de Dios, no entiende el actuar de Dios, no tiene oído espiritual de Dios, no tiene frecuencia modulada celestial del fino oír y hablar de Dios, porque la carne es torpe y lo religioso es ignorancia.

¿Por qué hablo de muerte? Porque es necesario que nada altere el carácter definido, por eso es ineludible morir a las pasiones de la carne, es decir, a toda obra que le gusta a la carne como el sexo antes del matrimonio o fuera del matrimonio, también es preciso morir a las competencias, las rivalidades porque tienen que ver con el ego, y el carácter inmaduro.

¿A qué más morir? A los desórdenes, borracheras, drogas, lujuria, y todas estas cosas que enganchan a la carne. Morir a la honra familiar, ya que a veces uno, personalmente, o cualquier miembro de la familia, falla, entonces, no deseamos continuar en la iglesia, no queremos dejarnos ver por los miembros de la congregación, por pena o vergüenza, pero nada nos debería impedir seguir creciendo y avanzando.

Morir a nuestra dignidad ministerial, empresarial, profesional, dado que muchas veces nos vituperan y nos juzgan mal, entonces, no queremos dejarnos ver de nadie, pero, como dije, nada nos debe impedir continuar creciendo. Cuando no se ha muerto a la carne, estas cosas pueden llegar a ser tropiezo para impedir la definición y madurez de nuestro carácter.

También debemos morir a todo lo concerniente a la vieja religión y sus arandelas, te estoy hablando de la religiosidad, ya que alteran el carácter y no permiten llegar a alcanzar un carácter maduro, definido.

Me estoy refiriendo a las posiciones religiosas que algunos asumen de forma radical o por costumbre, por ejemplo: si la mujer debe usar pantalón o no; cabello corto o largo; si se debe maquillar o no; si debe usar falda larga o falda corta; si la mujer debe tener liderazgo o no, y un sin número de reglas más que forman parte de lo religioso, ya que Dios no mira lo que mira el hombre, el hombre mira lo que está delante de sus ojos, mas el Señor mira el corazón del hombre; por eso es necesario morir a lo religioso. Vuelvo y repito, lo religioso impide llegar a tener un carácter maduro y definido. En 1 Samuel 10:3-4 podemos leer:

> Y luego que de allí sigas más adelante, y llegues a la encina de Tabor, te saldrán al encuentro tres hombres que suben a Dios en Bet-el, llevando uno tres cabritos, otro tres tortas de pan, y el tercero una vasija de vino; los cuales, luego que te hayan saludado, te darán dos panes, los que tomarás de mano de ellos.

Al examinar el versículo 3 y 4 encontramos que Saúl debía llegar a la encina de Tabor, que es 'lugar', allí se dice que le saldrían al encuentro tres hombres (que es 'señal'). Puedes encontrar en el *Diccionario Enciclopédico Larousse* (2000) que encina, del latín *illicina*, significa «planta arbórea de tronco grueso y ramificado» y «hoja perenne que tiene por fruto la bellota y es muy frecuente y típica en la península ibérica» (familias fagáceas). A esto, Rand (1992), en su *Diccionario de la Santa Biblia,* añade que en algunos pasajes de la Biblia se refiere a algún árbol fuerte y floreciente.

Bíblicamente vemos que bajo las agradables sombras de las encinas se hacían grandes transacciones, se ungían reyes, sacerdotes y también profetas; hablando proféticamente (permíteme decirlo así) hablar de encina es hablar de intimidad, profundidad. Dios quiere a los hombres de carácter definido en la intimidad con Él, en el secreto con Él, en la profundidad con Él, porque allí Dios le revelará aquello que solo es para Él en el secreto.

En el secreto tú le hablas y Él te habla; tú le descargas tu corazón y Él te enseña cosas que solo son para el secreto. O sea, en el secreto Dios te da palabras para hablar afuera. Si no tienes secreto, ¿qué vas a hablar afuera? **En la intimidad suceden cosas maravillosas que ayudan a formar el carácter del hombre, para que este alcance su madurez.**

Dice que le saldrían al encuentro tres hombres (que indica señal), o sea, que en el secreto Dios le daría revelación del Dios trino; un hombre trayendo tres cabritos, Dios Padre, sacrificio de Jesucristo; un hombre trayendo tres tortas de pan, Dios hijo, Él es pan de vida, no solo de pan vivirá el hombre sino de toda palabra que sale de la boca de Dios; un hombre trayendo una vasija de vino, Dios Espíritu Santo, pacto.

Un hombre de carácter definido ha muerto a su

vieja naturaleza (carnal) y a su naturaleza espiritual viciada (religiosa) y tiene especial intimidad, secreto y profundidad con Dios.

Entonces, en la intimidad, en el secreto con Dios, Él se revela, tú le hablas, Él te ministra, tu hombre espiritual crece, tu hombre interior crece; crecerás en estatura espiritual, te impregnarás del aroma de Dios, tendrás el olor de la canela que es intimidad.

Dice 1 Samuel 10:3-4:

> Y luego que de allí sigas más adelante, y llegues a la encina de Tabor, te saldrán al encuentro tres hombres que suben a Dios en Bet-el, llevando uno tres cabritos, otro tres tortas de pan, y el tercero una vasija de vino; los cuales, luego que te hayan saludado, te darán dos panes, los que tomarás de mano de ellos.

Dice también en los versículos 3 y 4 que luego que te hayan saludado te darán *dos panes, los que tomarás de mano de ellos*; esto quiere decir que lo que tú entregaste en el sepulcro (lugar de muerte), ahora en el secreto, en la intimidad, se te devuelve como alimento; no dice que le dieron un pan o tres panes, dicen que le dieron dos panes (las dos naturalezas viciadas y contaminadas por el mundo).

O sea, recordemos, para tener un carácter moldeado necesitamos morir, porque la carne viva es rebelde y morir a nuestra religiosidad para entender la espiritualidad, y si hemos muerto podemos entrar en la intimidad, en el secreto con Dios; allí donde somos ministrados y donde crece nuestro carácter profético.

Es importante entender que el hombre de carácter definido, maduro, es un hombre que se esconde en el secreto, porque allí su hombre espiritual es alimentado, y es allí donde Dios pondrá las palabras y el contenido para que después él pueda ministrar conforme a la voluntad y al deseo de Dios, y no a su propio deseo y capricho. Notemos la importancia de morir para entrar en secreto, dos cosas que van solidificando el carácter del hombre de Dios.

Luego el profeta le dice en 1 Samuel 10:5-6:

> Después de esto llegarás al collado de Dios donde está la guarnición de los filisteos; y cuando entres allá en la ciudad encontrarás una compañía de profetas que descienden del lugar alto, y delante de ellos salterio, pandero, flauta y arpa, y ellos profetizando. Entonces el Espíritu de Jehová vendrá sobre ti con poder, y profetizarás con ellos, y serás mudado en otro hombre.

Cuando la Biblia dice: *Después de esto,* ¿a qué se refiere?, ¿después de qué? Se refiere a después de muerte e intimidad; dice que llegará al collado de Dios (tercer lugar), donde está la guarnición de los filisteos (tercera señal); hablar de collado es hablar de un lugar alto y fortificado, es hablar de altura, de un lugar inalcanzable por el enemigo, y al igual que las seis ciudades de refugio significa protección, es lo alto de la peña; es rodear con muro; es a lo alto de la peña donde Dios llevaba el águila, y esta perdía sus plumas, sus garras y su pico, y allí esperaba a ser renovada por el poder de Dios.

Cuando nosotros salimos del lugar de muerte e intimidad, Dios tiene un lugar alto para refugiarnos y transformarnos. Por eso, en la Biblia está escrito: *y serás mudado en otro hombre*; por tanto, si hay muerte, hay intimidad; y si hay muerte e intimidad hay transformación.

Es decir, hay un carácter moldeado al perfil ministerial del hombre que Dios quiere; y cuando dice: *profetizarás con ellos,* se refiere a que tendrás ya suficiente carácter para formar parte de un equipo y no andar como arandela suelta o como el llanero solitario, sino que estarás haciendo las cosas en mutuo acuerdo y bajo cobertura, en unidad.

Es de vital importancia aclarar lo siguiente, pues estoy hablando de carácter definido o maduro en el hombre de Dios: ¿Por qué traigo a colación este pasaje de 1 de Samuel capítulo 10? Porque allí es notorio el proceso para llegar a la madurez; lo primero, diríamos que es de decisión, o sea, decidimos morir; lo segundo, en recompensa a la muerte se da paso a la intimidad con Dios, y lo tercero, podríamos decir que es el resultado de la muerte e intimidad, donde vendría una transformación.

Aquí quiero resaltar el versículo 7, que dice: *y cuando te hayan sucedido estas señales, haz lo que te viniere a la mano, porque Dios está contigo* (1 Samuel 10:7). La Biblia no dice *y cuando hayas pasado por estos lugares*, sino que expresa: «Y cuando te hayan sucedido estas señales».

¿Qué evidencia tu carácter moldeado? Tu carácter moldeado lo evidencia que en ti se revelen las señales, no el que tú hayas pasado por los lugares, porque el pasar por los lugares no garantiza un cambio en tu carácter, pero cuando en ti se suceden las señales, es decir, en ti se evidencie muerte, intimidad y transformación, se revela que en ti hay un carácter definido, moldeado.

Y sigue diciendo este versículo 7: *Haz lo que te viniere a la mano.* O sea, que cuando en nosotros ya sea evidente el carácter definido, hagamos lo que se viene a la mano. Hablar de *mano* es hablar de trabajo, labor.

Quiere decir entonces, que cuando en mí se haga evidente un carácter definido, *muerte, intimidad y transformación,* podré realizar el buen trabajo que viene del cielo; es decir, ejercitaré labor u oficio ministerial, espiritual.

La Biblia nos muestra en 1 Samuel 10:8 el cuarto

lugar y la cuarta señal, y dice así: *Luego bajarás delante de mí a Gilgal; entonces descenderé yo a ti para ofrecer holocaustos y sacrificar ofrendas de paz. Espera siete días, hasta que yo venga a ti y te enseñe lo que has de hacer.*

Hablar de «Gilgal» representa el cuarto lugar; Gilgal significa 'saber esperar', o sea, es el lugar de la fe. Ya en Gilgal no se habla de nube, que salía en la mañana, ni de columna de fuego, que salía en la noche; ya tampoco en Gilgal caía maná, es el lugar de la fe, donde se siembra y se espera para cosechar. Dice que esperará siete días, y esta es la cuarta señal, siete es el número perfecto.

Entonces, podemos decir proféticamente que el hombre de carácter definido y maduro sabe esperar los tiempos de Dios, porque esperando lo de Dios, Él trae lo perfecto. Dice también el versículo: *espera siete días hasta que yo venga a ti y te enseñe lo que has de hacer.* Esto significa que el hombre de carácter definido, maduro, tiene claro que por más que sepa hacer las cosas, por más sabio que sea, por más que Dios lo use siempre, Dios usará a alguien para enseñarle qué hacer en momentos específicos.

Solo un hombre de carácter definido y maduro puede entender que si hay muerte hay intimidad; y si hay muerte e intimidad hay transformación; pero sabe también que si hay muerte intimidad y transformación podrá realizar trabajo de Cielo, y algo importante se moverá en la fe sabiendo esperar los tiempos de Dios.

Dios usa a los hombres de carácter definido y maduro. Los hombres de carácter inmaduro no definido son inestables, desobedientes, no se sujetan y prefieren agradar a los hombres más que a Dios, como es el caso de Saul, que vemos a continuación en 1 de Samuel 15: 1-23:

Después Samuel dijo a Saúl: Jehová me envió a

que te ungiese por rey sobre su pueblo Israel; ahora, pues, está atento a las palabras de Jehová. Así ha dicho Jehová de los ejércitos: Yo castigaré lo que hizo Amalec a Israel al oponérsele en el camino cuando subía de Egipto. Ve, pues, y hiere a Amalec, y destruye todo lo que tiene, y no te apiades de él; mata a hombres, mujeres, niños, y aun los de pecho, vacas, ovejas, camellos y asnos.

Saúl, pues, convocó al pueblo y les pasó revista en Telaim, doscientos mil de a pie, y diez mil hombres de Judá. Y viniendo Saúl a la ciudad de Amalec, puso emboscada en el valle. Y dijo Saúl a los ceneos: Idos, apartaos y salid de entre los de Amalec, para que no os destruya juntamente con ellos; porque vosotros mostrasteis misericordia a todos los hijos de Israel, cuando subían de Egipto. Y se apartaron los ceneos de entre los hijos de Amalec. Y Saúl derrotó a los amalecitas desde Havila hasta llegar a Shur, que está al oriente de Egipto. Y tomó vivo a Agag rey de Amalec, pero a todo el pueblo mató a filo de espada. Y Saúl y el pueblo perdonaron a Agag, y a lo mejor de las ovejas y del ganado mayor, de los animales engordados, de los carneros y de todo lo bueno, y no lo quisieron destruir; mas todo lo que era vil y despreciable destruyeron.

Y vino palabra de Jehová a Samuel, diciendo: Me pesa haber puesto por rey a Saúl, porque se ha vuelto de en pos de mí, y no ha cumplido mis palabras. Y se apesadumbró Samuel, y clamó a Jehová toda aquella noche. Madrugó luego Samuel para ir a encontrar a Saúl por la mañana; y fue dado aviso a Samuel, diciendo: Saúl ha venido a Carmel, y he aquí se levantó un monumento, y dio la vuelta, y pasó adelante y descendió a Gilgal. Vino, pues, Samuel a Saúl, y Saúl le dijo: Bendito seas tú de Jehová; yo he cumplido la palabra de Jehová. Samuel entonces dijo: ¿Pues qué balido de ovejas y bramido de vacas es este que yo oigo con mis oídos? Y Saúl respondió: De Amalec los han traído; porque el pueblo perdonó lo mejor de las ovejas y de las vacas, para sacrificarlas a Jehová tu Dios, pero lo demás lo destruimos. Entonces dijo Samuel a Saúl: Déjame declararte lo que Jehová me ha dicho esta noche. Y él le respondió: Di.

Y dijo Samuel: Aunque eras pequeño en tus propios ojos, ¿no has sido hecho jefe de las tribus de Israel, y Jehová te ha ungido por rey sobre Israel? Y Jehová te envió en misión y dijo: Ve, destruye a los pecadores de Amalec, y hazles guerra hasta que los acabes. ¿Por qué, pues, no has oído la voz de Jehová, sino que vuelto al botín has hecho lo malo ante los ojos de Jehová? Y Saúl respondió a Samuel: Antes bien he obedecido la voz de Jehová, y fui a la misión que Jehová me envió, y he traído a Agag rey de Amalec, y he destruido a los amalecitas. Mas el pueblo tomó del botín ovejas y vacas, las primicias del anatema, para ofrecer sacrificios a Jehová tu Dios en Gilgal. Y Samuel dijo: ¿Se complace Jehová tanto en los holocaustos y víctimas, como en que se obedezca a las palabras de Jehová? Ciertamente el obedecer es mejor que los sacrificios, y el prestar atención que la grosura de los carneros. Porque como pecado de adivinación es la rebelión, y como ídolos e idolatría la obstinación. Por cuanto tú desechaste la palabra de Jehová, él también te ha desechado para que no seas rey.

Allí vemos la tarea de ungir reyes, pero también vemos el ejercicio o la tarea de tener que reprenderlos.

Esto, sencillamente, demandaba a un hombre valiente; cuando el profeta es un hombre valiente y de carácter definido no vacilará en cumplir con lo ordenado por Dios. Y aquí tristemente vimos a Saúl, un hombre falto de carácter definido, cayendo en desobediencia y queriendo agradar a los hombres más que a Dios.

La falta de carácter hace que la mucha palabrería de un lenguaje muy adornado venga arrastrando a jóvenes inmaduros que creen tener «el idioma del reino»; por eso estamos viendo cómo muchos predicadores, de esos que infectan sus mensajes de huecas filosofías que solo motivan la carne y la llenan de emociones, están convirtiendo sus iglesias en lugares de espectáculos, donde ya no es Cristo el invitado y el centro de atracción, sino el «artista» que nos dará «tremendo espectáculo».

Tenemos pena ajena y dolor por la iglesia de gente sin carácter que hoy queremos presentarle al mundo, mundo bien exigente, que no dudará en «masacrar» al primero que cometa un error. Volvamos nuestros corazones a Dios y evaluemos nuestros mensajes para poder presentar una iglesia sana, saludable y madura, es decir, una iglesia de gente con carácter definido.

Capítulo 4

La profecía en acción

Podemos decir que profetizar es hablar de parte de alguien en particular; pero lo correcto sería: profetizar es hablar de parte de Dios, y aquí es muy importante saber de parte de quién se está hablando.

Para nosotros fue una lucha saber balancear lo que venía de conocimiento para ser hablado, ya que en el camino se cruzan circunstancias, momentos, experiencias, sensaciones, emociones, e incluso conceptos propios. Entonces, puede existir la tendencia a hablar de parte de cualquier otra cosa menos de Dios. Pero en carne propia entendimos dos *cositas* claves:

1. Que toda palabra profética que salga de la boca de los hombres siempre tendrá que ser sopesada o puesta a prueba.
2. Todo lo que se llama Biblia o salga de la Biblia, o sea, de la Biblia, ¡no se prueba! **Ya que la Biblia es inspirada para todas las personas, y qué cosa más linda, todas las personas de todos los tiempos, porque la Biblia es la palabra profética que nunca nos va a fallar.** En cambio, la palabra profética es la palabra revelada inspirada para una persona o grupo de personas en el momento.

A continuación, introduciré algunos breves conceptos sobre este tema, entre ellos, expondré de manera sucinta lo que es la profecía, qué es logos y rhema, qué es la palabra de ciencia, entre otros.

¿Qué es profecía?

Si la explicamos en un lenguaje sencillo, para los fines de este libro, podemos decir que *profecía* es el mensaje de Dios a través de un hombre ungido por Dios. *Según el Diccionario expositivo de palabras del Antiguo y Nuevo Testamento Exhaustivo de Vine* (1984, p. 706), profecía significa: *la proclamación de la mente y consejo de Dios.*

Creemos que la profecía, como es espiritual, habla y comunica al espíritu del hombre los pensamientos, dichos, voluntad, propósitos, deseos y aun el plan de Dios. Esto es al espíritu del hombre, o sea, que lo que Dios quiere transmitirle al hombre viene por el Espíritu al espíritu del hombre.

Vemos también que esta forma de revelación del Espíritu se familiariza con situaciones pasadas, presentes o futuras de la persona. Muchas veces nos ubica en lugares geográficos como, por ejemplo, en una montaña, a la orilla del mar, en un escabroso río, en una casa, en un lugar de trabajo; pero también nos muestra el estado del tiempo, como un día soleado, un día lluvioso, un día nublado; aun deja ver la fuerza de la naturaleza, fuertes vientos, un mar embravecido, unas tormentas con relámpagos.

Llega muchas veces de momento, como un sentimiento en el corazón; o podemos decir que hay una sensación en el estómago, en el vientre espiritual, por así decirlo, o viene como voz audible al oído del hombre. No tiene un orden claro, puede ser de sorpresa o, sencillamente, en nuestra comunión íntima con Dios o nuestro secreto con Dios.

La Biblia como profecía

Queremos darle importancia a la palabra profética más fiel, que es la Biblia, pues es el libro a través del cual Dios le habla al hombre, y denota el carácter y los atributos de Dios, por tanto, podemos ver que la Biblia es una profecía completa en su máxima expresión. Al hablar de la escritura debemos resaltar dos palabras, que en el Nuevo Testamento significan 'palabra', y estas son *logos* y *rhema.*

¿Qué es logos?

Según el *Diccionario expositivo de palabras del Antiguo y Nuevo Testamento Exhaustivo de Vine* (1984, p. 623) «logos» denota:

> (I) la expresión del pensamiento; no el mero nombre de un objeto: (a) encarnando una concepción o idea (p. ej., Lc 7.7; 1 Co 14.9,19); (b) un dicho o afirmación: (1) de Dios (p. ej., Jn 15:25; Ro 9.9, 28: «sentencia»; Rv: «palabra»; Gl 5.14; Heb 14.12).

Al explicar qué es logos, podemos decir que es la palabra de verdad, la cual está escrita, y es la misma hoy, mañana y siempre. Esta permanece fiel y se cumple por sí sola, ya que es la inspiración misma de Dios. Como lo dice en Mateo 24:35: «El cielo y la tierra pasarán, pero mis palabras no pasarán».

¿Qué es *rhema*?

Según el *Diccionario expositivo de palabras del Antiguo y Nuevo Testamento Exhaustivo de Vine* (1984 p. 623): «Rhema denota aquello que es hablado, lo que es expresado de palabra o por escrito; en singular, una palabra (p. ej., Mt 12.36; 27.14; 2 Co 12.4; 13.1; Heb12.19: "voz que hablaba", RVR, lit., la voz de palabras)».

El significado de *rhema,* en su distinción de logos, queda ejemplificado en la instrucción a *tomar la espada del Espíritu, que es la palabra de Dios* (Efesios 6:17).

Podemos decir que la palabra *rhema* es una palabra espiritual revelada al espíritu del hombre, o sea, es una porción específica salida de la fuente, es una palabra inspirada salida de la inspiración de Dios que es la Biblia. Permítenos darte unos ejemplos de la siguiente manera: como cuando vas a un pozo de agua (*logos*) y sacas del pozo un balde con agua (*rhema*), o vas a un palo de mango (*logos*) y coges un mango (*rhema*), vas a un bulto de sal (*logos*) y sacas una libra de sal (*rhema*). El *logos* es el abecedario y las letras del abecedario son el *rhema*; o sea, el *rhema* es la palabra salida del *logos*, que es la palabra.

El logos es una palabra llena de vida, y si lees la escritura veinte veces, Dios te habla de manera diferente veinte veces, porque el *rhema* es vida que sale de la vida.

El logos tiene una interpretación correcta, y hay muchos queriendo dar su propia interpretación, y no solo esto, sino que además quieren manipular *la palabra* para usarla en su favor o para sacar provecho de sus malas intenciones, pretendiendo decirle a la gente que Dios les ha dado tales *rhemas,* por eso podemos afirmar que el *rhema* es la interpretación correcta de la palabra, que es logos, *la palabra* no puede ser manipulada.

Siempre el *logos* y el *rhema* van a nutrir y edificar a nuestro hombre espiritual, permitiendo que nosotros podamos entender y desarrollar el reino de los cielos. De ahí la relevancia de poseer un buen discernimiento para saber si lo que se sacó en el «balde» viene del «pozo» o no.

Hoy más que nunca la iglesia está siendo invadida de «palabra profética» a diestra y siniestra, por eso es muy común oír en las iglesias *Dios me dijo, Dios me habló, tuve un sueño,* y tantas cosas más que se quieren mostrar como si fueran de parte de Dios.

Hay una frase muy conocida, que se está oyendo mucho en estos tiempos en las iglesias, esa frase es: «Pastor, yo siento». Siempre le explico a la iglesia la importancia de tener cuidado de las cosas que decimos y las que se dicen de parte de Dios o en el nombre del Señor. Muchos van diciendo con gran ligereza *pastor, yo siento*, y cuando oigo algo así, de inmediato los interrumpo diciéndoles: «Si usted siente, *siéntese*, porque me va a hablar su carne».

Otros, un poco más atrevidos, se lanzan a decir: «Así te dice el Señor», y las palabras salidas de la boca de estos personajes solo son sandeces, inventos de su propia imaginación. Sé que muchos hombres de Dios tienen palabra profética, que viene del corazón mismo del Señor, pero me estoy refiriendo a un grupo específico de hombres que están haciendo mal uso de la palabra profética revelada, así como de todo lo relacionado con los *dones espirituales* que dicen o que revelan algo.

¿Por qué sucede esto? Porque hay muchos con un corazón apegado a la fama, al poder, al dinero y a todo lo que deleita la carne; que desean obtener el mayor provecho solo para su beneficio. Son ególatras, egocéntricos, como el Rey Saúl, están pensando solo en ellos y queriendo acabar con los pequeños *Davides* (muchos como David). Por eso es necesario ser celoso en sopesar la palabra.

Como dice la escritura: «**No apaguéis al Espíritu. No menospreciéis las profecías. Examinadlo todo; retened lo bueno. Absteneos de toda especie de mal**» (1 de Tesalonicenses 5: 19-22). Cuando tienes en cuenta lo que dijo el apóstol Pablo a la iglesia de Corinto podrás discernir con mayor facilidad si viene por boca de Dios o no.

Pablo dijo en 1 de Corintios 14:3 «**Pero el que profetiza habla a los hombres para edificación, exhortación y consolación**». Notemos que la profecía, fuera de ser condicional, cumple tres funciones importantes: edificación, exhortación y consolación.

La palabra «edificación»

En el *Diccionario expositivo de palabras del Antiguo y Nuevo Testamento Exhaustivo de Vine* (1984, p. 304) *oikodome* denota: (a) el acto de construir (*oikos*, hogar; y demo, construir). Se usa figuradamente en el Nuevo Testamento, en el sentido de edificación, o promoción del crecimiento espiritual.

Desde mi experiencia, la edificación vendría siendo el construir en mí o poner en mí ladrillo tras ladrillo, que me va llevando al crecimiento en la madurez, en el carácter, en mis emociones. Cuando edifica me habla de la verdad, es decir, me saca de las confusiones.

Además, está fortaleciendo, arraigando y estructurando mi vida. Todo lo que edifica mi vida me lleva a la mejor reflexión de lo que he hecho, estoy y estaré haciendo. Cuando soy edificado estoy dejando una vieja vida y entrando en una nueva, esto lo he vivenciado como un cambio.

También podría decir que es como ir subiendo

una escalera que nos va llevando a los pisos más altos, o sea, vamos de piso en piso, hacia arriba, alcanzando más altura o estatura. Esto es algo que hoy se necesita mucho en la iglesia, porque hay unos que estando en el primer piso quieren mostrarse como si estuvieran en el séptimo piso. Dios quiere edificar en nosotros a ese nuevo hombre, y eso demanda un proceso.

La palabra «exhorta»

El *Diccionario expositivo de palabras del Antiguo y Nuevo Testamento Exhaustivo de Vine* (1984, p. 362) traduce «exhortar, exhortación», del verbo griego *parakaleo*:

> Primeramente, como llamar a una persona (*para*, al lado; *kaleo*, llamar). Denota: (a) llamar, rogar [...]; (b) amonestar, exhortar, apremiar a alguien para que siga un curso de la conducta; siempre en anticipación, mirando al futuro, en contraste con el significado de consolar, que es retrospectivo, y que tiene que ver con pruebas ya experimentadas.

En mis estudios de primaria, la forma de exhortarnos era jalando las orejas, con un pellizco o con un reglazo en la palma de la mano, y sumado a esto, debíamos permanecer de rodillas en un rincón por una hora o mucho más.

Pero cuando la Biblia dice que la palabra profética exhorta, no se refiere a que actuemos de esta forma, en mi experiencia personal cuando hay exhortación es el llamado de atención que Dios nos hace para ponernos a cuentas con Él o con los hombres, e incluso para corregir algunos comportamientos en nuestro caminar.

Ahora, no todo lo que Dios nos habla se debe decir: esto significa que hay que pedirle a Dios revelación de lo que debemos hablar, de lo que Él nos está diciendo. Como está escrito en 1 de Corintios 14:32-33: «**Los espíritus de los profetas están sujetos a los profetas; pues Dios no es Dios de confusión, sino de paz**». Teniendo en cuenta que una verdad con amor no deja de ser verdad, o sea, toda exhortación debe ser en amor. **Creo que exhortar es hacer volver el corazón del hombre hacia Dios.**

La palabra consuela

El *Diccionario expositivo de palabras del Antiguo y Nuevo Testamento Exhaustivo de Vine* (1984, p. 195) le tiene por nombre en el griego *parakletos, lit,* llamado al lado de uno, en ayuda de uno, es principalmente un adjetivo verbal, y sugiere la capacidad o adaptabilidad para prestar ayuda.

Esa palabra se usaba en las cortes de justicia para denotar a un asistente legal, defensor o abogado; de ahí que, generalmente, es quien aboga por la causa de otro, un intercesor, como dice 1 de Juan 2:1, como el Señor Jesús. En su sentido más amplio, significa uno que socorre, que consuela.

En lo personal, puedo entender cuando hablo de la palabra que consuela, que está llevando mi corazón al corazón de Cristo, para que por Él sea restaurado.

Ampliemos un poquito más este concepto: como Dios conoce nuestro corazón de forma detallada (ya que Él lo escudriña), entrará específicamente en el área que requiere del consuelo divino y pondrá el toque de amor que será el ingrediente necesario y suficiente para consolar nuestro corazón herido.

Tal como hay restauradores de pinturas de cuadros muy costosos, que con manos de seda hacen a la perfección el arreglo necesario, sin dejar evidencia del deterioro del arte plasmado por el artista; así y mucho más lo sabe hacer nuestro Dios con nuestros corazones. Entonces, notemos lo siguiente: que hay tres funciones dentro de la palabra profética, estas son **edificar, exhortar y consolar**, que generalmente ministran juntas, para que la palabra profética cumpla el objetivo de Dios.

Así como hay gente que es dada a querer estar dando palabra profética e imponer su palabra, así, de igual manera, hay gente que es soberbia para recibir una palabra profética, y todo lo cuestionan o quieren hacer ver que todo lo saben y es gente que no es humilde para recibir una palabra. Además, hablando de profecía, quiero resaltar algo que es muy importante, y está en 1 de Corintios 12: 7-11. La palabra de Dios nos habla de los dones espirituales:

- Pero a cada uno le es dada la manifestación del Espíritu para provecho.
- Porque a este es dada por el Espíritu palabra de sabiduría; a otro, palabra de ciencia según el mismo Espíritu.
- A otro, fe por el mismo Espíritu; y a otro, dones de sanidades por el mismo Espíritu.
- A otro, el hacer milagros; a otro, profecía; a otro, discernimiento de espíritus; a otro, diversos géneros de lenguas; y a otro, interpretación de lenguas.
- Pero todas estas cosas las hace uno y el mismo Espíritu, repartiendo a cada uno en particular como él quiere. (1 Corintios 12:7-11)

Ahora bien, aquí se menciona que a cada uno le es dada

la manifestación del Espíritu para provecho; también menciona palabra de sabiduría, palabra de ciencia, discernimiento de espíritus, diversos géneros de lenguas, interpretación de lenguas y profecía.

Cuando hablamos de profecía no podemos dejar de lado estos dones (palabra de sabiduría, palabra de ciencia, discernimiento de espíritus), ya que van de la mano con la profecía, porque el profeta habla en pasado, presente y futuro, el profeta oye, siente y ve. Mi esposa y yo estamos de acuerdo con lo escrito por el pastor Hagin (1983) en su libro *Los dones del ministerio,* cito textualmente:

Los tres dones de revelación son:

- *Palabra de sabiduría: una revelación sobrenatural del Espíritu de Dios concerniente al propósito divino en la mente y voluntad de Dios. Es una revelación que siempre habla del futuro.*
- *Palabra de ciencia: una revelación sobrenatural del Espíritu de Dios concerniente a realidades o hechos en la mente de Dios relacionados con personas, lugares o cosas. Es una revelación siempre en tiempo presente o pasado.*
- *El discernimiento de espíritus: es un conocimiento profundo sobrenatural del mundo de los espíritus. Es ver el mundo de los espíritus.*

Ahora, en el concepto nuestro y lo vivido y experimentado en el camino de nuestra vida ministerial, podemos decir que lo anterior se aplica así: sabemos que el don de ciencia no es un conocimiento amplio de la Biblia, como algunos piensan, pues los dones son espirituales y tienen que ver con la mente de Dios.

Palabra de ciencia

La palabra de ciencia habla de algo que aconteció y que está aconteciendo en el presente de esa persona. Por ejemplo: me encontraba predicando en Montería, Colombia, el pastor de esa iglesia era Carlos Alberto Da Silva, y recuerdo que llamé a una mujer, y el Señor le dijo a través de mí:

> Veo algo que se va soltando y abriendo, como floreciendo, algo que estaba amarrado; también veo algo que había sido cortado, que quedó como un tronco y comenzó a crecer, y también florece; veo que algo desciende de lo que floreció, y es fecundado y se planta en tu vientre, como un bebé, sí es un bebé, y hay un coágulo de sangre que viene bajando.

Esta mujer muy quebrantada, llorando, empezó a decir que cuando nació su hija, 12 años atrás, su ginecólogo tuvo que cortar una de sus trompas por causa de un tumor; la otra trompa la ligó (porque no quería tener más hijos debido al trauma que vivió), pero ahora deseaba tener otro, y le iban a practicar una operación para desligar su trompa. No obstante, la probabilidad de tenerlo era inferior al 25%, o sea, había una mínima posibilidad, casi nula. Ese mismo viernes en la noche nos dijo que visitaría a su médico el lunes en la mañana.

Ese lunes yo predicaba en el servicio de milagros. Allí ella testificó que su ginecólogo (quien practicó la extirpación de una de sus trompas y le ligó la otra) le realizó una nueva ecografía y encontró que tenía sus dos trompas sanas, además, confirmó que había un coágulo que venía descendiendo. Al cabo del tiempo supimos que tuvo un hijo. Aquí podemos ver la revelación de la palabra de ciencia, Dios estaba hablando de lo que le había acontecido y lo que le estaba aconteciendo.

Palabra de sabiduría

La palabra de sabiduría habla de algo que va a acontecer en el futuro de la persona. A continuación, Lucia narrará un testimonio que constituye un ejemplo sobre este tipo de revelación, para que podamos comprenderla.

En una ocasión, [yo, Lucia] estuve en Montería en un campamento de jóvenes, allí se me acercó una joven y me dijo:

> Pastora Lucia, hace tres años usted vino a un evento de mujeres y me dio una palabra que se ha venido cumpliendo. El Señor me dijo a través de usted: «Te viene preocupando tu futuro, y te has preguntado qué será del mañana, pero Dios te dice: "Tu futuro está en mis manos y yo me encargaré de tu universidad"».

Luego me contó que un año después de recibir la palabra profética (don de sabiduría), empezó su carrera de idiomas, y hasta este día Dios se ha encargado de suplirle todo lo que necesita para sus estudios.

Discernimiento de espíritus

Hablar de discernimiento de espíritus es comprender o entender dentro del ámbito espiritual las cosas que a nuestro alrededor estén sucediendo. O sea, que podamos distinguir o separar entre lo que sucede bien y lo que sucede mal; es decir, que podamos distinguir entre lo que tiene que ver con los espíritus inmundos de las tinieblas, Satanás y sus secuaces, y todo espíritu perturbador que de una u otra forma moleste al hombre, y el Espíritu Santo de Dios, en su multiforme manera de presentársenos como paloma, agua, lluvia, nube, fuego, viento, etc.

La Biblia dice en Malaquías 3:18: «**Entonces os volveréis, y discerniréis la diferencia entre el justo y el malo, entre el que sirve a Dios y el que no le sirve**». Para poder comprender este versículo podemos remitirnos a Mateo 7: 15-17:

> Guardaos de los falsos profetas, que vienen a vosotros con vestidos de ovejas, pero por dentro son lobos rapaces. Por sus frutos los conoceréis. ¿Acaso se recogen uvas de los espinos, o higos de los abrojos? Así, todo buen árbol da buenos frutos, pero el árbol malo da frutos malos.

Es poder discernir el espíritu operante que viene a través de los hombres, llámense cristianos o de cualquier otra manera, pero que digan que profesan la voz de Dios, así sabemos nosotros si vienen de parte de Dios o del enemigo, el diablo; incluso de parte de sus emociones.

Quiero recordarte que todo lo que es revelado (sea por sueños, visiones, voz profética) que viene de parte de Dios, debe estar de acuerdo con la palabra, la Biblia. Recuerda: la Biblia es el pozo de todo contenido, y todo lo revelado es el balde de agua que se saca del pozo. Así como dice en 1 de Juan 4:1: «**Amados, no creáis a todo espíritu, sino probad los espíritus si son de Dios; porque muchos falsos profetas han salido por el mundo**».

Esto nos está advirtiendo acerca de usar bien este don, puesto que muchos vendrán a decir aquello que queremos escuchar, y no lo que Dios nos quiere decir, porque Dios habla no solo para consolar nuestro corazón, sino que también nos habla para advertirnos sobre aquellas situaciones en las cuales estamos fallando.

Dentro de lo que es discernimiento de espíritus puedo dar el siguiente ejemplo. En cierta iglesia de una ciudad en Colombia (por respeto no nombraré la ciudad ni mucho menos la iglesia donde esto aconteció) Dios me puso en el corazón decirle al pastor que la *hermanita* Fulana de Tal, que se vestía muy recatada, con sus faldas largas, sus blusas manga largas, de cabello largo, y que se mostraba como la más espiritual de todas, intentaría seducirlo, y al no poder lograr su objetivo mentiría sobre él; le hablaría a uno de sus pastores y a otro que era profeta, y estos causarían un tremendo dolor de cabeza, a tal punto que dividiría la iglesia. Palabras a las que el pastor hizo caso omiso. Cuatro meses después aconteció lo que le dije.

Dios nos da discernimiento de espíritu y esto revela también las intenciones del corazón, sean buenas o sean malas.

Otro evento que te puedo relatar, en este sentido, ocurrió el día que llegamos al apartamento de una hermana (por razones obvias no puedo mencionar su nombre). Dios me mostró que, dentro de su apartamento, en la oficina de su esposo, había hechicería, esta se encontraba dentro de un carrito rojo de modelo en escala.

Cuando sacamos los ingredientes de la hechicería, que se encontraban envueltos en una pequeña bolsa, y comenzamos a reprender toda hechicería, todo conjuro contra ellos, de inmediato, un cuadro muy costoso, de porcelana en alto relieve, de una joven que alzaba a un bebé, ¡explotó!, y tanto la cabeza de ella como la del bebé que alzaba se desprendieron.

El cuadro se alzó por encima de la puntilla que lo sostenía, se precipitó con fuerza hacia el piso, partiéndose por completo; fue una explosión aturdidora y sorpresiva. Todo esto se dio al poder discernir el ambiente espiritual de aquel lugar.

El profeta tiene visiones. En Joel 2: 28-29 dice así:

> Y después de esto derramaré mi Espíritu sobre toda carne, y profetizarán vuestros hijos y vuestras hijas; vuestros ancianos soñarán sueños, y vuestros jóvenes verán visiones. Y también sobre los siervos y sobre las siervas derramaré mi Espíritu en aquellos días.

Además del discernimiento de espíritus, otro punto esencial que nos permitirá entender la profecía en acción son las visiones, estas serán explicadas a continuación.

Visiones

El *Diccionario expositivo de palabras del Antiguo y Nuevo Testamento exhaustivo de Vine (*1984, p. 957) dice de visión:

1. *Jorama* aquello que es visto (*jorao*), denota: (a) un espectáculo (Mateo 17,9; Hechos 7,31); (b) una aparición, visión (Hechos 9.10.12, tr; 10.3, 17, 19; 11.5; 12.9; 16.9, 10; 18.9).
2. *Jorasis* sentido de la vista. Se traduce «visiones» en Hechos 2.17; Apocalipsis 9.17.
3. *Optasia*, forma tardía de *opsis*, el acto de ver, de *optano*, ver, un venir de la vista. Denota una visión en Lucas 1.22; 24.3; Hechos 26.19; 2 de Corintios 12.1.

Para ilustrarlo de alguna manera, esto es como si se prendiera una pantalla de televisión donde él puede apreciar lo que Dios le está mostrando. Se puede decir entonces que Dios, un ser espiritual, incurre en el hombre trayendo a su mente y a sus ojos de forma sobrenatural la proyección de su voluntad o de un deseo divino o su propósito. También se podría decir que es una advertencia, y la hace a través de visiones; es ver con los ojos del espíritu, y en algunos casos ver con ojos naturales algo que está en el corazón de Dios.

En otra ocasión, un domingo, fui con mi esposa y con parte del liderazgo de la iglesia a un restaurante, recuerdo que salí al balcón de aquel lugar e impresionado miraba al cielo. Los del liderazgo, al verme así, se fueron acercando uno a uno, en ese momento, una de las lídereses me preguntó:

—¿Qué está viendo, pastor?

Con voz temblorosa le contesté:

—Estoy viendo en el cielo, como grabado en las nubes, que entre la calle 72 y 78, sobre la carrera séptima de la ciudad de Bogotá hay un enorme estallido y veo sangre, muertos, bomberos. Veo también que estalla la guerra en el medio oriente contra Sadam Hussein, y él en su desespero quema pozos de petróleo.

Pocos meses después, el 7 de febrero del 2003, explotó la bomba en el club del Nogal, en la ciudad de Bogotá; además, vino la incursión americana contra Sadam Hussein el 13 de marzo del 2003.

Recuerdo también otro caso en el que estábamos orando en la iglesia donde éramos copastores, en ese momento tuve una visión donde había una gran explosión en unos edificios, y en unas calles, veía mucha gente corriendo, eran muchos, de cabello rubio, y un bombero llevaba en sus brazos a un niño, y empecé a gritar: «¡Son como americanos, son como americanos, es en Estados Unidos, es en Estados Unidos!». El 19 de abril de 1995, 25 días después, estalló la bomba en Oklahoma. Esta fue una terrible y dolorosa visión. Así podría enumerar muchísimos más ejemplos.

Sueños

Recordando lo que dice Joel: *así como visiones, soñarán sueños*, podemos decir que el hombre profético tiene sueños. Aquí juega un papel muy importante el tener madurez y discernimiento para comprender si el sueño viene de Dios o de un impacto en el diario vivir (del día o de días anteriores), de algo relacionado con las emociones, como anhelos, añoranzas, situaciones no resueltas, grandes deseos, e incluso temores (que eso sería Dios hablando al corazón de la persona) o, sencillamente, producto de un alimento que haya caído pesado.

Lucía también ha tenido experiencias similares, ahora ella te contará una: Yo (Lucía) venía teniendo sueños con un sitio donde viví cuando era niña (la casa de mis abuelos). Me veía en edad adulta viviendo allí, así que un día le dije al Señor: «No me gustan estos sueños, porque volver allí no va a ser posible, ya que la casa fue vendida, necesito que me hables con respecto a estos sueños». Y Dios me dijo:

—Hay añoranza en tu corazón con respecto a esa casa, y anhelos de volver a estar allí, por lo que debes renunciar a esto.

Dios me estaba hablando en sueños de situaciones emocionales no resueltas, por lo que en oración renuncié a esa añoranza y se la entregué al Señor. Desde ese día no volví a soñar con esa casa.

Vuelvo a hablarte yo, Gustavo, quiero contarles cómo una mañana muy temprano, después de una noche en la que me había acostado tarde, me despertó mi esposa y sorprendida me dijo:

—Amor, ¿por qué llegó doble el cobro del recibo de gas?

—No, yo pagué el recibo del gas —le contesté

entredormido a mi esposa.

Me volví a dormir, y mientras dormía soñé cuando le entregaba a un hermano en Cristo el dinero, y le solicitaba el favor de cancelar el recibo del gas. Él me decía: «Sí, claro, pastor, con mucho gusto». Vi cómo guardaba en su bolsillo derecho del pantalón el dinero y rompía el recibo de cobro de gas, dándome la espalda. Me desperté sobresaltado diciéndole a mi esposa:

—Ya sé qué fue lo que pasó con el recibo del gas.

De inmediato llamé a dicho hermano en Cristo y le dije: «Hermano, hace algunos días atrás te entregué el recibo de gas y un dinero para cancelarlo; tomaste el dinero para ti y botaste el recibo de cobro».

—Sí pastor, perdóneme —contestó.

Este es un sueño que traía una revelación de palabra de ciencia. **Dios nos habla a través de sueños ya sea para advertirnos, para exhortarnos o para consolarnos.**

Acciones proféticas

El profeta tiene acciones proféticas a través de las cuales Dios le quiere hablar al pueblo de manera particular, personal y específica. Estas acciones quieren revelar algo de forma simbólica de acuerdo con la situación, el tiempo y la cultura de la persona. Son acciones de Dios para comunicarse con el pueblo en un estilo práctico, sencillo y vivencial. Podemos ver este ejemplo en el libro de Jeremías:

> La señal del cinto podrido
>
> Así me dijo Jehová: Ve y cómprate un cinto de lino, y cíñelo sobre tus lomos, y no lo metas en agua. Y compré el cinto conforme a la palabra de Jehová, y lo

> puse sobre mis lomos. Vino a mí por segunda vez palabra de Jehová, diciendo: Toma el cinto que compraste, que está sobre tus lomos, y levántate y vete al Éufrates, y escóndelo allá en la hendidura de una peña. Fui, pues, y lo escondí junto al Éufrates, como Jehová me mandó. Y sucedió que después de muchos días me dijo Jehová: Levántate y vete al Éufrates, y toma de allí el cinto que te mandé esconder allá. Entonces fui al Éufrates, y cavé, y tomé el cinto del lugar donde lo había escondido; y he aquí que el cinto se había podrido; para ninguna cosa era bueno. (Jeremías 13:1-7)

En los versículos del 8 al 11 vemos la explicación de esta acción profética:

> Y vino a mí palabra de Jehová, diciendo: Así ha dicho Jehová: Así haré podrir la soberbia de Judá, y la mucha soberbia de Jerusalén. Este pueblo malo, que no quiere oír mis palabras, que anda en las imaginaciones de su corazón, y que va en pos de dioses ajenos para servirles, y para postrarse ante ellos, vendrá a ser como este cinto, que para ninguna cosa es bueno. Porque como el cinto se junta a los lomos del hombre, así hice juntar a mí toda la casa de Israel y toda la casa de Judá, dice Jehová, para que me fuesen por pueblo y por fama, por alabanza y por honra; pero no escucharon.

El Señor hablaba en lenguaje sencillo y simple, para que todo aquel que oyera, entendiera; así Dios usa a sus ungidos en estos actos proféticos para traer un mensaje directo al corazón del hombre, ya que esta enseñanza queda marcada en la mente y en el espíritu de la persona.

En una campaña en la cual me encontraba como el

predicador central, en un momento de ministración Dios me llevó a un acto profético. Llamé a una joven a que pasara al frente, y a ella le entregué una botella vacía; también llamé a un hombre, y a Él le entregué un cinturón; luego llamé a otra jovencita, y a ella le entregué una flor; después le hice también un llamado a una señora, y a ella le entregué una piedra de tamaño mediano; seguidamente, Dios me hizo mirar a la derecha, y llamé a un hombre de espeso bigote, al cual le entregué un grupo de cordones enredados.

A la joven de la botella vacía (simbolismo) el Señor puso en mi boca hablarle del profundo vacío que había en su corazón, que la llevaba a amargas depresiones y soledades, y traía el desánimo a su vida, pero Él le decía que al que tuviere sed Él le daría a beber, y de su interior correrían como ríos de agua viva, pero era necesario que volviera su corazón a Él. Esta mujer lloraba profundamente.

Al hombre del cinturón (simbolismo) Dios le hablaba de la falta de autoridad en su hogar, y que era necesario que él ocupara su lugar, que Él le había dado de su autoridad, que se esforzara, fuera valiente y no temiera, que Él estaba con él. Ahí vi llorar a un hombre como un niño.

A la jovencita de la flor (simbolismo), el Señor le decía que era como una de sus flores del jardín radiante, que guardara su colorido, su verdor, y que no dejara marchitar sus pétalos a través de aquellos que tenían espinas, que Él era su mejor refugio, y que se mantuviera en Él.

A la señora que recibió una piedra el Señor le decía: «¿Si lanzas esa piedra a un pozo de agua, ¿flotará o se irá al fondo del pozo?». Obviamente, se irá al fondo del pozo por su propio peso, así había cosas en su corazón que la hacían hundir y aplastaban su ego, que era necesario que entendiera que Él la amaba y no estaba sola.

Al hombre que se le entregó los cordones (simbolismo),

Dios le hablaba de los enredos que él tenía en su vida, malos negocios, mujeres ajenas y que lo estaban involucrando en asuntos que nada tenía que ver, pero también le decía que, si confiaba en Él, Él sería su juez, su abogado, su protector, y que él iba a desenredar cordón por cordón.

Estas acciones proféticas vienen para edificar al pueblo de Dios, los santos.

Hay algo importante que se debe tener en cuenta en las acciones proféticas, estas no se pueden convertir en un ritual ni en un acto místico, ya que ellas son hechas de manera única y de forma particular.

Hoy hay muchos personajes queriendo mostrar algunos actos proféticos con exageradas mímicas, o algunos actos de magia rebuscados, y quieren hacerle creer a la gente que Dios los usa poderosamente. Creo que hay cierta fascinación por el show, el espectáculo, estas cosas que verdaderamente están acabando a la iglesia de Jesucristo. Jesús se movía de forma sencilla —lo mismo el apóstol Pablo—, era muy prudente en su forma de ministrar.

1 de Corintios 2:1-5 nos dice:

> Así que, hermanos, cuando fui a vosotros para anunciaros el testimonio de Dios, no fui con excelencia de palabras o de sabiduría. Pues me propuse no saber entre vosotros cosa alguna sino a Jesucristo, y a este crucificado. Y estuve entre vosotros con debilidad, y mucho temor y temblor; y ni mi palabra ni mi predicación fue con palabras persuasivas de humana sabiduría, sino con demostración del Espíritu y de poder, para que vuestra fe no esté fundada en la sabiduría de los hombres, sino en el poder de Dios.

Todo acto profético debe salir de la escritura, la fuente. Y todo acto profético aun las profecías y los sueños, visiones y más que puedan venir de Dios, deben llevar el corazón del hombre al corazón de Cristo. Estas son cosas que se han pasado por alto en la iglesia de Jesucristo, y nos hemos dejado llevar por ilusionistas profesionales.

Intercesión profética

En la intercesión profética nos encontramos orando por cosas o situaciones que el espíritu pone en nuestro corazón. En el libro de Jeremías (Jeremías 33:3), el profeta dice: «Clama a mí, y yo te responderé, y te enseñaré cosas grandes y ocultas que tú no conoces». La intercesión profética tiene la capacidad de abrir puertas a lo extraordinario y milagroso del actuar de Dios.

Se puede decir que esto se mueve en un nivel más alto, más grueso y aún más poderoso que involucra la guerra espiritual, la oración a nivel personal o en pro de otros. Vemos que la intercesión profética se fusiona o se une al ministerio del profeta para traer y establecer los deseos de Dios, o voluntad de Dios, en un mundo espiritual, manifestándose así visiblemente en nuestro entorno natural.

Otra de las virtudes o cualidades de la intercesión profética es que ella rompe toda maquinación diabólica, satánica, hecha sobre una persona, familia o grupo de personas (aun también podemos decir que lo hace con pueblos enteros y naciones). Por eso, Dios le dice al profeta Jeremías así:

> Y extendió Jehová su mano y tocó mi boca, y me dijo Jehová: He aquí he puesto mis palabras en tu boca. Mira que te he puesto en este día sobre naciones y sobre reinos, para arrancar y para destruir, para arruinar y para derribar, para edificar y para plantar. (Jeremías 1:9-10)

Esto es con base en todo anuncio, decretos o maldiciones hechas por Satanás para destruirnos. La idea no es que después de la intercesión profética quede un cuadro desolador o una imagen desértica, vacía y de destrucción, porque la intercesión profética hará que el profeta pueda hacer conocer, sembrar, y establecer el reino de Dios y su justicia sobre una persona, sobre una familia o multitud de familias. Todo esto por la declaración de la palabra de Dios y lo que tiene que ver con la voluntad divina.

Hace muchos años atrás (aproximadamente en 1993) conocimos a una pareja que hoy día son pastores. En esa época, él era gerente de una empresa, y había situaciones espirituales de las tinieblas que se movían y golpeaban su empresa: se veían sombras, repentinamente se encendían las máquinas cuando todo estaba apagado, tumbaban las piezas de telas y muchos hablaban de haber visto una persona bajita vestida de negro caminando por entre la empresa. Así que cuando llegamos allí hicimos una intercesión profética.

Comenzamos a declarar sin poder ver lo que estaba afectando, y Dios mostraba cómo esa potestad salía, huía, además, revelaba también algunos trabajos de hechicería que habían enterrado en lugares específicos de la empresa, se desenterraron como seis tarros preparados. Después de este suceso espiritual se amplió la empresa, vinieron mayores ventas y se abrieron líneas de exportación.

Ahora bien, conociendo esto, debemos entender que en el campo espiritual de la intercesión profética no se puede entrar de cualquier manera, se necesita del Espíritu Santo en nosotros; se requiere de llenura espiritual, llenura del Espíritu Santo.

Para que tengas el fluir, es decir, para que de ti fluya bendición del Espíritu Santo, es necesario que tengas al Espíritu Santo. Esto significa que quienes nos movemos en el campo de la intercesión profética debemos estar preparados mental y espiritualmente, como nos enseña Romanos 12:2: «**No os conforméis a este siglo, sino transformaos por medio de la renovación de vuestro entendimiento, para que comprobéis cuál sea la buena voluntad de Dios, agradable y perfecta**». Porque la mente transformada y renovada por la palabra te hará un hombre sensible al oír del Espíritu y a todo lo que tiene que ver con el Espíritu.

Hoy la iglesia de Jesucristo adolece de hombres y mujeres que entren en este campo de la intercesión profética, pues se han dejado llevar por una mente carnal y un corazón pecador. Quiero anotar algo también que es muy importante y es que aplica para todo lo que tiene que ver con el ámbito espiritual: se necesita fe, mantener la fe.

Por eso, cuando se levantó una tempestad mientras Jesús estaba durmiendo en la popa sobre un cabezal de la barca, los discípulos que estaban con él se aterrorizaron y despertaron a Jesús, y este los exhortó preguntándoles: *por qué están amedrentados hombres de poca fe*. Ellos no pudieron hacer una intercesión profética para reprender porque les faltó fe.

Sobre esto, en la Biblia hay un caso interesante, es cuando el profeta Elíseo llega a la casa de la mujer sulamita (2 Reyes 4:16), y de todo lo que le dice, me llama la atención cuando le declara las siguientes palabras: «Y él le dijo: El año que viene, por este tiempo, abrazarás un hijo». Lo interesante aquí es que aun cuando ella no lo entendió ni lo podía creer dio a luz un hijo, conforme a la palabra del profeta.

Esto quiere decir que la poderosa voz de Dios a través de los profetas o intercesores proféticos romperá con toda esterilidad y fecundará las matrices estériles, porque la voz de Dios da a luz el propósito divino sobre la faz de la tierra a los que la recibimos.

Canto profético

Podemos recordar el cántico profético de Moisés y los hijos de Israel por la liberación, y el cántico de Deborah y Barac, también podemos recordar al salmista en sus salmos 96, 98 y 149 al cantarle al Señor un cántico nuevo. Y si recuerdas y lees estos pasajes, y algunos otros más de la escritura, podrás notar que el cántico profético es un canto inspirado, traído por el Espíritu de Dios al espíritu del hombre, motivado por las maravillas y lo grandioso de sus acciones.

El canto profético como es inspirado por el Espíritu nace por el deseo de Dios para que los suyos le honremos, exaltemos y le demos gloria, por eso la escritura dice que Él está buscando a los verdaderos adoradores que le adoren en Espíritu y en verdad (Juan 4:19-24).

Todo lo que se geste en el cántico profético o en el cántico nuevo viene en el Espíritu y por el Espíritu para exaltar solamente a Dios. Es un lenguaje codificado únicamente para darle grandeza a Él.

No se trata de trovas o letanías religiosas que se están repitiendo en estos tiempos, estos ocurren cuando el espíritu se inspira por la llenura del Espíritu de Dios en el espíritu del hombre. Las circunstancias de vida que nos rodean muchas veces también provocan que nuestro espíritu sea inspirado.

He podido experimentar que en momentos en los que las circunstancias se vuelven tensas y las cosas no parecen estar en favor nuestro, ahí me he sumergido en oración, y lo maravilloso es que Él me ha llenado por el Espíritu, y de inmediato ha surgido un cántico nuevo y profético.

Cuando digo *cántico nuevo* hablo de las palabras que no han sido repetidas, que no han estado antes en bocas de otros siendo cantadas; hablo de aquellas palabras que por la inspiración se provocan y gestan en el espíritu. Cuando hablo de *cántico profético* hablo de un nivel más alto de adoración, donde el espíritu está conectado con lo celestial, con lo divino, y nuestro corazón se introduce en el corazón de Dios.

Esto hará que lo cantado provoque una respuesta del cielo en favor nuestro, hará que los ángeles se unan al cántico, provocará el poder del acuerdo con el cielo y lo celestial, y será como el incienso que sube como aroma fragante ante la presencia de Dios, trayendo nuestros corazones al corazón de Dios.

Esto ocurre porque el cántico profético lleva consigo la verdadera intención del corazón del hombre al corazón de Dios, y por tal motivo, revelará una verdadera adoración. Para Dios la ofrenda que presentó Caín y que presentó Abel fueron los *cánticos proféticos* que revelaban las verdaderas intenciones del corazón de estos dos hombres, por eso Génesis 4: 4-5 dice:

> Y Abel trajo también de los primogénitos de sus ovejas, de lo más gordo de ellas. Y miró Jehová con agrado a Abel y a su ofrenda; pero no miró con agrado a Caín y a la ofrenda suya. Y se ensañó Caín en gran manera, y decayó su semblante.

La ofrenda de estos hombres hoy la podemos ver como el *cántico profético* (por decirlo así), y cuando la palabra dice que miró con agrado a Abel, y a su ofrenda, está diciendo que primero miró la intención del corazón y luego la ofrenda, esto quiere decir que Abel y Caín traían un cántico profético que dejó ver las intenciones de sus corazones.

Adorarle en Espíritu y en verdad es poder tener la intención correcta en el corazón, para ofrecerle lo que está de acuerdo con la palabra. Hoy Dios está buscando gente de cántico profético, gente con intención santa en su corazón.

En cuanto a la profecía en acción, mi esposa y yo vimos la necesidad de diferenciar el fluir de lo profético en la vida de los hombres, porque en cada hombre que se mueva lo profético el nivel de revelación es diferente, ya que no en todos se mueve y se revela lo que hemos estudiado en este capítulo, y a esto lo hemos llamado:

- *La sencilla palabra profética.*
- *El don de profecía en crecimiento.*
- *Ya no es solo un don, es un ministerio.*
- *Vivencia de un oficio profético.*

También debemos entender que todas las personas llamadas a ocupar nuevos niveles proféticos no nacen con lo profético ya aprendido, esto se va gestando, se va desarrollando; en pocas palabras, se va madurando en los asuntos proféticos.

Lo que deseo transmitir es que la persona nace con el llamado, pero al igual que un bebé recién nacido, necesita total atención y cuidados minuciosos que ayudarán, junto con el alimento pertinente y adecuado, a ir creciendo e ir estabilizando sus pasos para un caminar seguro y maduro. Con esto quiero decir que no se pueda equivocar, todos nos equivocamos, pero lo importante es poder crecer de forma correcta y saludable.

Me preocupa en gran manera que hoy día a muchos se les llama profetas, porque contaron un sueño y el sueño se cumplió, porque de repente profetizaron y fue una palabra veraz o porque le profetizaron a una persona palabra de ciencia o de sabiduría, y por estos hechos ya se le pone por nombre «profeta».

El daño que se le hace a esta persona es grande, ya que se pone sobre él una responsabilidad que todavía no puede llevar consigo. Se les llama profeta a las personas que en su caminar han dejado ver la veracidad de su llamado con testimonios, señales, prodigios, maravillas que acompañan dicho llamado, pero que también cuentan con el reconocimiento de la autoridad de la iglesia local y de las iglesias en general, a nivel nacional e internacional.

Solo un soldado de rodillas en oración tiene la cobertura, la marca y el respaldo divino, y esto lo vamos a estudiar en los próximos capítulos.

Capítulo 5

Creciendo en lo profético

Con relación a los dones espirituales (y el manejo, así como el fluir de estos), pienso que todos deberíamos ser apostólicos, proféticos, evangelísticos, pastorales; todos deberíamos tener el espíritu del maestro (teniendo responsabilidad de lo que se dice y se enseña). Pero en este libro quiero centrarme en lo profético, ya que todos deberíamos ser proféticos, como lo vemos en Hechos 2:17:

> Y en los postreros días, dice Dios, Derramaré de mi Espíritu sobre toda carne, Y vuestros hijos y vuestras hijas profetizarán; Vuestros jóvenes verán visiones, Y vuestros ancianos soñarán sueños.

El oír la voz de Dios y lo que viene por inspiración en un momento específico no te hace un profeta. De esto vemos un gran ejemplo en la Biblia en Hechos 21:8-10:

> Al otro día, saliendo Pablo y los que con él estábamos, fuimos a Cesarea; y entrando en casa de Felipe el evangelista, que era uno de los siete, posamos con él. Este tenía cuatro hijas doncellas que profetizaban. Y permaneciendo nosotros allí algunos días, descendió de Judea un profeta llamado Agabo.

Ahora, toda palabra profética (repito) debe ser sopesada, y si viene alguien trayendo una palabra profética, esa palabra deberá ser juzgada, pero esto lo hablaremos más en el capítulo *Ética y protocolo en lo profético.*

Es muy importante comprender que los dones no son para promovernos a nosotros mismos, permíteme ilustrar esto que acabo de decir: si alguien me regala un Porsche, el auto que me regalaron no dice nada de mi economía, pero sí de la economía de quien me lo regaló; de igual manera, quiero decirte que los dones hablan del dador de los dones.

Hay gente especializada en querer mostrar los dones de revelación como una hazaña propia que sale de él como persona, y por eso muchos tienen sus pechos inflados queriendo mostrarse como los astros del conocimiento y la revelación, robándole de esta manera la gloria a Dios. El libro de Efesios (4:11-16) dice lo siguiente:

> Y él mismo constituyó a unos, apóstoles; a otros, profetas; a otros, evangelistas; a otros, pastores y maestros, a fin de perfeccionar a los santos para la obra del ministerio, para la edificación del cuerpo de Cristo, hasta que todos lleguemos a la unidad de la fe y del conocimiento del Hijo de Dios, a un varón perfecto, a la medida de la estatura de la plenitud de Cristo; para que ya no seamos niños fluctuantes, llevados por doquiera de todo viento de doctrina, por estratagema de hombres que para engañar emplean con astucia las artimañas del error, sino que siguiendo la verdad en amor, crezcamos en todo en aquel que es la cabeza, esto es, Cristo, de quien todo el cuerpo, bien concertado y unido entre sí por todas las coyunturas que se ayudan mutuamente, según la actividad propia de cada miembro, recibe su crecimiento para ir edificándose en amor.

Esto nos está enseñando que la fuente de todo don espiritual viene de Dios, para que Dios sea impartido a los hombres, es decir, para que todos aquellos que le quieran oír en medio del mundo, sean alcanzados, edificados, y el reino de los cielos se extienda y a él sea la gloria de todo lo sucedido. Esa es una manera sencilla de explicarlo.

Aquí nos enriqueceremos con la enseñanza, y veremos cómo va evolucionando lo profético de Dios en aquellos que tienen el llamado, entendiendo que esto no sucede de la noche a la mañana, ya que un profeta no nace, se hace, se forma, y así lo hemos creído mi esposa y yo, porque este pasa o puede pasar por las dimensiones que ello demande.

Algunos se quedan en niveles, pero hay otros que caminamos en dimensiones, y un hombre profético no camina en niveles, sino en dimensiones. Los niveles son relativos y las dimensiones no tienen reversa.

Sencilla palabra profética

Con respecto a la sencilla palabra profética, podemos decir que, con ella, entramos en el primer nivel de lo profético.

Hablar de la sencilla palabra profética es hablar de aquella palabra que viene en un momento cualquiera, de un tiempo cualquiera, en medio de la congregación o de un grupo de personas que se hayan puesto de acuerdo para tener un tiempo de oración.

Esta sencilla palabra es transmitida cuando cualquier creyente expresa algo que Dios pudo darle, o sea, esto llega de forma repentina a la mente de un cristiano creyente cualquiera. Y esta palabra es enmarcada en la edificación, exhortación y consolación, ya que toda palabra que se profetice debe siempre edificar en nosotros el carácter de Cristo y hacernos volver a su corazón; pero ten en cuenta que por ser una sencilla palabra profética esta no lleva consigo palabras proféticas, ni traen nueva dirección ni tampoco corrección. Como lo que leímos en el libro de Hechos capítulo 21, donde nos deja ver que las cuatro hijas de Felipe profetizaban, esto era con la sencilla palabra profética.

Coincido con los pastores y escritores Bickle y Sullivant en su libro *Creciendo en el ministerio profético* (1998), en este dicho se expresa este nivel de la sencilla palabra profética como profecía simple.

En una iglesia donde éramos copastores (sin tener que mencionarla) me encontraba predicando, y en el momento de la ministración se levantó una señora ya mayor emitiendo unas cortas palabras en lenguas y luego dijo: **«Hijos míos, yo les amo y yo estoy con vosotros en este día».** Luego esta señora quedó en silencio. Esto es lo que hemos llamado la sencilla palabra profética.

Las personas que caminan en la sencilla palabra profética no son profetas, casi siempre este tipo de personas quedan allí, y se estancan en su crecimiento porque las circunstancias que puedan estar viviendo muchas veces influyen, causando desmotivación o simplemente una especie de sedentarismo espiritual, y esto se convierte en un factor de impedimento para que sigan creciendo.

Mi esposa y yo siempre estamos alentando a este tipo de personas que se mueven en la sencilla palabra profética para que crezcan en lo profético, y esto acontece estudiando más la palabra y desarrollando una relación más íntima con Dios, sin dejar de congregarse y, en cuanto sea posible, compartiendo las actividades extras de la iglesia; en esto juega un papel importante la relación personal con

Dios, porque si se tiene altar personal, se llega a un altar familiar; y si tenemos estos, tendremos un altar eclesiástico, es decir, congregacional.

Permíteme hacer la siguiente ilustración: se puede decir que quienes caminan en la sencilla palabra profética se asemejan a un día de nuestra ciudad, en Bogotá, Colombia: amanece un sol radiante y de repente se opaca el día, oscurece, y no llovió, pero luego vuelve a salir el sol y sigue el día normal; de pronto un carro *pita* y otros pasan sin *pitar*, pero el día sigue normal, así es la sencilla palabra profética, sucede de un momento a otro.

En el caso de mi esposa, ella comenzó lanzando palabras inspiradas de momento en el nivel de la sencilla palabra profética, y fue creciendo hasta alcanzar la dimensión del profeta en oficio.

¿Por qué se dan las sencillas palabras proféticas? Mi esposa y yo hemos llegado a la conclusión, primero, de que es algo bíblico, y se dan porque son las cosas que Dios quiere que se escuchen en un momento cualquiera.

Muchas veces, cuando se presenta una sencilla palabra profética se puede ver como algo emocional; algunos se molestan y rechazan este tipo de sencillas palabras proféticas haciéndose críticos, intransigentes, olvidándose que Dios siempre nos quiere decir algo, por eso traigo a colación lo que nos aconseja el apóstol Pablo en su epístola a los Tesalonicenses: **No apaguéis al Espíritu. No menospreciéis las profecías. Examinadlo todo; retened lo bueno** (1 Tesalonicenses 5:19-21).

¿Para qué se da la sencilla palabra profética en un momento cualquiera? Primeramente, como lo dije anteriormente, para la edificación de los santos y para que los creyentes escuchemos lo que Dios nos quiere hablar por inspiración en un momento cualquiera. Creo que también surge para que se ambiente un momento profético, se apoye un momento profético y se inspire a otros a activarse en lo profético, pues la fe, como dice la escritura, es por el oír y el oír la palabra de Dios; o sea, que cuando creamos este ambiente muchos comienzan a despertar y desarrollar lo profético de Dios en ellos.

El don de profecía en crecimiento

Bickle y Sullivant (1998) llaman a este nivel el *don profético* (al que nosotros hemos llamado *el don de profecía en crecimiento*). Ellos dicen de este grupo (don profético) que son los creyentes que reciben regularmente impresiones, sueños, visiones u otro tipo de revelaciones; tienen dones proféticos. Generalmente son simbólicos, en forma de parábolas y enigmas. Este grupo recibe información profética con mayor regularidad que el primer grupo (el de la profecía simple, al que nosotros hemos llamado sencilla palabra profética), aunque le falte claridad para comprender lo que han recibido.

Puedo comenzar con un ejemplo simbólico, y es que el don de profecía en crecimiento es como el óvulo fecundado por el esperma, que tiene unas 12 semanas de gestación, se ven algunos rasgos, pero no tiene la forma completa de un ser ya creado por así decirlo. Permíteme usar otro ejemplo, es como algo que está, pero no está completo, podría decirse que es algo indefinido. Dios da algunos apuntes a través del vaso que Él usa con el don de profecía en crecimiento.

Al igual que los autores anteriormente citados, también creo que el individuo recibe revelaciones por sueños, impactos, visiones (aun audibles), y estos misterios que vienen fuertemente de forma simbólica, así como también de forma alegórica, traen pensamientos y deseos de Dios que forman parte de lo que es el propósito divino en la vida de un individuo, de una familia, comunidad, ciudad, nación o naciones.

Amado/a, nuevamente quiero ceder la palabra a Lucía, quien va a contarnos su experiencia con respecto al tema que estamos tratando.

Cierto día [yo, Lucía] tuve un sueño que al momento de ocurrí no entendí: estaba en la casa de mi mamá y llegué al cuarto donde dormía, era un cuarto muy grande que tenía dos clósets, y en el sueño yo le decía a la empleada:

—¿Qué hay en ese clóset pequeño?

—¡No! no hay nada —me respondió.

Pero yo en el sueño me acerqué al clóset y me agaché, y en la parte inferior había unas bolsas de leche.

—¿Qué hacen estas bolsas aquí? —le pregunté a la empleada.

—No sé, eso no estaba allí.

—Miremos la fecha de vencimiento —le dije.

Al mirar, noté que decía «agosto del 2008». El sueño fue en el mes de agosto del 2007. Al pasar el tiempo yo estaba meditando en ese sueño, y en octubre del 2007, en mi cumpleaños, alguien que apenas estaba conociendo me dio una palabra que me decía como está escrito en Isaías 45:1-3:

> Así dice Jehová a su ungido, a Ciro, al cual tomé yo por su mano derecha, para sujetar naciones delante de él y desatar lomos de reyes; para abrir delante de él puertas, y las puertas no se cerrarán: Yo iré delante de ti, y enderezaré los lugares torcidos; quebrantaré puertas de bronce, y cerrojos de hierro haré pedazos; y te daré los tesoros escondidos, y los secretos muy guardados, para que sepas que yo soy Jehová, el Dios de Israel, que te pongo nombre.

En ese momento vino a mi memoria aquel sueño, y Dios me decía: «Esa leche que viste en tu sueño tiene que ver con esos tesoros escondidos [ya que la leche estaba en un sitio escondido] y eso es lo que tengo para ti».

Pero todavía faltaba algo más. ¿Por qué tenía fecha de vencimiento? En agosto del 2008 viajé a campaña a Tunja, Colombia, y allí, cuando estaba ministrando volvió a mí ese sueño, ya que la revelación profética aumentó de una manera poderosa, había más palabra de ciencia y de sabiduría, y Dios me dijo: «Hoy subiste de nivel» (y ese era el significado de la fecha de vencimiento que tenía la leche que vi en el sueño).

En el tiempo en que tuve el sueño, ese sueño llegó en el nivel del don de profecía, en crecimiento, a pesar de que ya caminaba en un nivel más amplio, profético; luego Dios se encargó de ir esclareciendo y revelando lo que en este sueño había.

Retomando las ideas anteriores, quiero volver a subrayar que no podemos olvidar que todo lo que se llame *profético* es la palabra (*balde de agua*) que sale de la palabra (*pozo*). Al comienzo expliqué que el don de profecía en crecimiento era algo como indefinido, esto no significa que no pueda ser entendido o esclarecido porque sale de la palabra, que es la fuente (*pozo*), y si sale de la fuente, ella nos da la capacidad de entenderla.

Cuando un creyente del nivel de don de profecía en crecimiento declara algo de lo que haya recibido, esto hará que el pastor de la iglesia local, junto con el maestro y con el profeta de oficio (si hay) escudriñen sobre lo que se haya dicho, para darle una interpretación mayor y correcta. Luego estaré hablando de lo que está dentro de la ética y el protocolo profético.

Las personas que se mueven en este nivel traen una

idea más clara, aunque no completa del pensamiento o deseo de Dios que aquellos que se mueven en el nivel de la sencilla palabra profética.

En nuestra iglesia tenemos una pastora (omitimos su nombre) que regularmente está recibiendo información profética, y viene a nosotros contando un sueño o hablando de una visión, otras veces con una palabra bíblica en uno o dos versículos que Dios le dio, y termina diciéndonos: «Pastores, no sé qué es esto, pero sentí mucho deseo de decírselos para que ustedes lo pongan a consideración».

Nosotros hemos creído que las personas como esta pastora, que recibe de esta manera información profética, caminan en el don de profecía en crecimiento, y todo lo que ellos digan de forma profética se debe recibir, lo que venga con el sello de la veracidad; es decir, que haya certeza, solo así sabemos que viene de la boca de Dios.

Ya no es solo un don, es un ministerio

Bickle y Sullivant (1998) han definido este tercer nivel como el que corresponde al «ministro profético». Ellos dicen que estos son los creyentes a quienes ya se les ha reconocido su don, se les ha nutrido y comisionado para el ministerio regular en la iglesia local.

Sigue habiendo un gran simbolismo o elementos alegóricos en lo que reciben, pero a través del proceso del equipo ministerial es posible discernir mucho de la interpretación y aplicación de sus revelaciones.

Creo que ya en ese punto no es solo un don profético, ahora es un ministerio profético que se les ha equipado y delegado, o sea, estamos hablando de la persona que Dios está usando para la edificación de los santos en medio del cuerpo de una iglesia local.

En este nivel del ministerio profético son más nutridos los simbolismos, sueños, revelaciones, visiones, voz audible y otros tipos de revelación que con la ayuda del pastor, maestro, y si hay un profeta de oficio, se pueda entonces evaluar y soltar lo que se ha dicho. O sea, se podrá interpretar y aplicar o ministrar todo lo que ha venido por revelación.

Amado/a lector/a, encuentro oportuno cederle a Lucia la palabra para que ella pueda ilustrar con su experiencia este punto.

Yo (Lucía), quiero contarte cómo hace unos años atrás, cuando estaba en una campaña en Fundación, una ciudad de Colombia, me acerqué a una mujer, y Dios me dijo que le dijera:

> Tu eres una mujer muy valiente, no te queda nada grande, acabas de pasar por una situación muy difícil donde Dios les ha librado de la muerte, y me dice que eres como una leona que defiende a sus hijos por encima de todo. Viene respuesta de Dios a una petición que le has hecho.

Al hablar con su pastor, él me dijo que su esposo estuvo secuestrado y milagrosamente había sido liberado, y querían llevarse a sus hijos, pero lo más curioso es que esta mujer es de apellido León. Y su petición era salir del país.

Aquí vemos como Dios habla de simbolismo (leona) y trae la revelación (palabra de ciencia) que los libró de la muerte (y era el secuestro de su esposo) y que querían llevarse a sus hijos, y ella estaba ahí para defenderlos. Y les dijo que les concedía la petición (palabra de sabiduría). Esto es parte de lo que es el ministerio profético.

A los que se mueven en el nivel del ministerio

profético se les tiene una mayor confianza y se mueven en la iglesia con más libertad (en el buen sentido de la palabra), es decir, el pastor de la iglesia puede confiar en ellos un tiempo de predicación y ministración de la palabra, aunque con supervisión.

Se les cataloga dentro del equipo ministerial, a aquellos que desarrollan una labor de edificación, exhortación y consolación en el cuerpo. Este ministro profético debe ser también una persona de comunión, santidad, obediencia, sujeción, y testimonio en general.

¿Qué califica a un individuo para alcanzar este nivel de ministerio profético? Que ha mostrado obediencia, sujeción, prudencia, respeto, santidad. Y este, a su vez, le da la honra y la gloria solo a Dios. Pienso que todos los ministerios deben calificar para el servicio, como nos enseña el apóstol Pablo en su epístola a Timoteo (1 de Timoteo 3:1-7):

> **Requisitos de los obispos**
>
> **Palabra fiel: Si alguno anhela obispado, buena obra desea. Pero es necesario que el obispo sea irreprensible, marido de una sola mujer, sobrio, prudente, decoroso, hospedador, apto para enseñar; no dado al vino, no pendenciero, no codicioso de ganancias deshonestas, sino amable, apacible, no avaro; que gobierne bien su casa, que tenga a sus hijos en sujeción con toda honestidad (pues el que no sabe gobernar su propia casa, ¿cómo cuidará de la iglesia de Dios?); no un neófito, no sea que envaneciéndose caiga en la condenación del diablo. También es necesario que tenga buen testimonio de los de afuera, para que no caiga en descrédito y en lazo del diablo.**

Esta palabra se aplica no solo a los cinco ministerios,

sino a todo aquel que quiere servir al Señor sirviendo a los hombres. Hoy en muchas iglesias se ha pasado por desapercibida esta palabra en este nivel del ministerio profético, muchos creyentes tienden a idolatrar a la persona que Dios está usando, incluso, se autogeneran dependencias, por esto se requiere que el individuo que Dios está usando en el ministerio profético sea maduro y con un carácter definido. Otra de las tendencias es que si no hay carácter definido en el individuo a quien Dios usa en el ministerio profético, este puede llegar a ser manipulador.

Ahora bien, recuerda que, en este nivel de lo profético, es decir, ministro profético, hay un buen porcentaje de cumplimiento de la palabra. ¿Qué quiero decir con esto? Que del 100% que ha declarado el ministro profeta, aproximadamente un 60 a 90% se cumple.

Con esto no queremos decir que, por ese porcentaje restante, el que no se cumple, se debe descalificar a la persona como un ministro profeta o que esto lo califica como un falso profeta. ¡No, claro que no! Lo que esto nos está dejando ver es el grado de madurez en el que está caminando, y una comunión más profunda que se tiene con Dios.

Cuando hablamos del ministerio o ministro profético estamos hablando de una ministración profética más segura y confiable que en los niveles anteriores, además, recuerda que con buena supervisión tendremos excelentes resultados.

El ministro profeta se mueve en la iglesia local, todo su desempeño es en la iglesia local, y también en sujeción al pastor de la iglesia local, quien podrá también ministrar lo profético en medio del cuerpo, iglesias locales de diferentes denominaciones, si así le es requerido por las autoridades pastorales, ya que hay un reconocimiento de su pastor y de su iglesia.

Vivencia de un oficio profético

A este cuarto nivel vemos que Bickle y Sullivant (1998) lo denominan «oficio profético», ellos mencionan cuatro niveles del ministerio profético, y el pastor en el oficio profético dice lo siguiente: son los creyentes cuyo ministerio se parece al de los profetas del Antiguo Testamento. Generalmente, ministran con señales y prodigios, y hablan la palabra de Dios con un 100% de precisión. Esto no significa que sean infalibles, pero sus palabras se deben tomar seriamente. Su credibilidad ha sido claramente establecida por su probada carrera de profecías acertadas.

Estamos de acuerdo con lo que dicen los pastores en su libro con respecto al oficio profético, pero mi esposa y yo creemos profundamente que el individuo que ha llegado a este cuarto nivel ha entrado en una dimensión mayor, tanto en su crecimiento en la relación con Dios como en su crecimiento acerca del conocimiento y ministración de la palabra.

Aquí encontramos un ministerio, y no un don del Espíritu Santo, o sea, un ministrar de Cristo mismo. En Jesucristo se manifiestan los cinco ministerios: apóstol, profeta, evangelista, pastor y maestro. Estos cinco ministerios fluyendo en la persona de Cristo. Después de que Jesús ascendió al cielo nos impartió sus dones y activó a cada individuo con un diseño en el propósito en el que nos íbamos a desenvolver. El oficio del profeta es el que con mayor fuerza traerá cambios radicales, restauración, prodigios, milagros, confrontación con el pecado, destruirá, arrancará, edificará y plantará lo que Dios le muestre, y traerá cambios al pueblo.

Aquí encontramos a otro hombre que tiene que estar sujeto también a la autoridad del cuerpo, es decir, a la autoridad de la iglesia local (todo ministerio debe sujetarse a la autoridad de la iglesia local).

Creemos también que un profeta de oficio profético debe estar en unidad con el apóstol de la iglesia en donde se encuentre para un mejor desarrollo del oficio profético. Esto será tema para un próximo libro, cómo se debe mover un profeta en medio del cuerpo de Cristo, porque ninguno puede estar como una arandela suelta, somos un cuerpo unido.

El apóstol es apóstol, el profeta es profeta, el evangelista es evangelista, el pastor es pastor, el maestro es maestro, pero todos deben mantener el corazón paternal pastoral para poder entender aún más profundamente lo que es el cuidado y el crecimiento de la iglesia en general.

En este cuarto nivel se da una intimidad mayor con Dios para el asunto profético, asimismo, se da un conocimiento más profundo de la palabra, ya que los resultados de la ministración del oficio profético son 100% veraces; ojo: sin olvidar que es un hombre de carne y hueso, y que del hombre es errar.

Vemos que en esta dimensión del oficio profético, la persona escogida para ello ha pasado de la inmadurez a la madurez, de la niñez a la adultez, por así decirlo; por eso podemos ver que cuando el oficio profético está en desempeño todo su actuar cambia, su voz se hace más fuerte y radical, su hablar es de total autoridad (en el ministerio profético la voz se siente con autoridad).

Vemos también en el oficio profético la coordinación perfecta de la palabra con la ministración profética, el hombre de oficio profético trae una palabra clara del lenguaje divino al entendimiento humano. Quiero explicar esto un poco más; permíteme hacerlo de la siguiente manera: así como dije que el don de lenguas es una emisión en un lenguaje no inteligible a la mente humana, interpretarlo sería entender por el espíritu lo que se está hablando en ese lenguaje extraño, y poderlo llevar en un lenguaje sencillo y entendible a la mente y al corazón del hombre. Entonces, estamos diciendo que el hombre de oficio profético trae una palabra clara del lenguaje divino al entendimiento humano.

El hombre de oficio profético debe traducir lo que Dios le está diciendo, pidiendo hacer o que se haga en el momento específico a un lenguaje entendible, con acciones acordes a lo que Él esté diciendo o queriendo hacer para aquel o aquellos que lo están recibiendo.

Con alusión a esto, deseo contarles que hace unos años me encontraba ministrando en una iglesia de una ciudad cualquiera de Colombia, y Dios me hizo llamar a una mujer, y dentro de lo que Dios le estaba diciendo en el lenguaje profético, es decir, a través de profecía, hice un alto y le dije: «Tengo sabor de hierro en mi boca, y cuando Dios pone esta sensación me está diciendo que te diga que el médico te prescribió tomar sulfato ferroso, y tú no lo tomaste juiciosamente, es decir, comenzaste a tomarlo y rechazaste el sabor de esta medicina». Ella inmediatamente certificó lo dicho por el Señor, y añadió que no quiso seguir tomando su hierro.

Seguidamente, le dije: «Te viene dando mucho sueño, sueño pesado, pesadez, y te sientes sin aliento porque hay algo anémico en tu sangre». Ella vuelve a confirmar lo que se le está diciendo y comentó que dos días atrás le entregaron su examen de sangre (cuadro hemático), en el cual le decían que tenía anemia. Doce días después de la ministración profética se nos confirmó que se hizo nuevos exámenes y ya no tenía anemia.

Podemos ver a través de esta ministración que Dios, quien es la fuente, trajo todo un paquete para darle a esta mujer a través de voz profética, acción profética, simbolismo profético, para que yo, Gustavo, profeta de oficio, pudiera interpretarlo y declararlo debidamente con todas sus acciones de una forma clara y entendible. Esto es aplicar lo de Dios al hombre, lo celestial a lo terrenal.

Entendamos también que el hombre de oficio profético es un individuo altamente comprometido con Dios en intimidad, santidad, justicia, amor, conocimiento y estudio de la palabra; hombre de altar personal, familiar y eclesiástico; quien oye y recibe todo lo que Dios quiere trasmitir a los suyos en momentos específicos. Esto no lo hace un ser extraterrestre ni una persona más especial, sino un vaso útil con mayor responsabilidad, que tiene el delicado compromiso de entregar fielmente lo que recibe. Ahora bien, un profeta no es responsable de oír lo que tú necesitas oír, porque el profeta oye la voz de Dios y la transmite, es a ti a quien te corresponde oír la voz de Dios.

Creo que los cuatro niveles proféticos tienen una marcada diferencia, o más bien, se diferencian entre ellos mismos. Podría resumirlo de la siguiente manera:

- Nivel de la *sencilla palabra profética*: se hace en un tiempo cualquiera, por una inspiración de momento, y la palabra lanzada queda ahí para recibirla, y es dada por una persona cualquiera que está en la iglesia.
- Nivel del *don de profecía en crecimiento*: se hace de forma más regular, por las mismas personas, muy intermitente, sí, y con más contenido para el cumplimiento de la exhortación, edificación y consolación.
- Nivel de *ya no es un don es un ministerio*: se hace con mayor frecuencia y por las personas ya identificadas con un cumplimiento del 60 al 90% de lo profetizado, caracterizados también por el tono de su voz, que es más fuerte.
- Nivel de la *vivencia de un oficio profético*: se hace a través

de personas reconocidas y con un 100% de veracidad y cumplimiento de lo profético y profetizado en ellos. Es acompañado por una voz de autoridad, seguida de señales, prodigios y maravillas.

Por la experiencia vivida y a lo largo del caminar hemos visto que el ministerio evangelístico, el ministerio pastoral y el ministerio del maestro se heredan, contrario a esto, es el ministerio apostólico y el oficio del profeta. Aunque todos son llamados por Dios, lo apostólico y lo profético no se heredan, sino que vienen por línea directa de Dios. Entendemos entonces que nadie nace siendo de oficio profeta, sino que este se desarrolla, crece y madura por el llamado d de Dios.

Los pastores Bickle y Sullivant (1998, p. 152) hacen un cuadro en donde ilustra la relación entre estos cuatro niveles proféticos y la habilidad de las personas para hablar las verdaderas palabras de Dios. Queremos dar a conocer este cuadro, ya que nos parece apropiado en lo que tiene que ver con los niveles proféticos y la relación de cada uno de estos con Dios. A continuación, podrás observar en una tabla lo que estoy explicando.

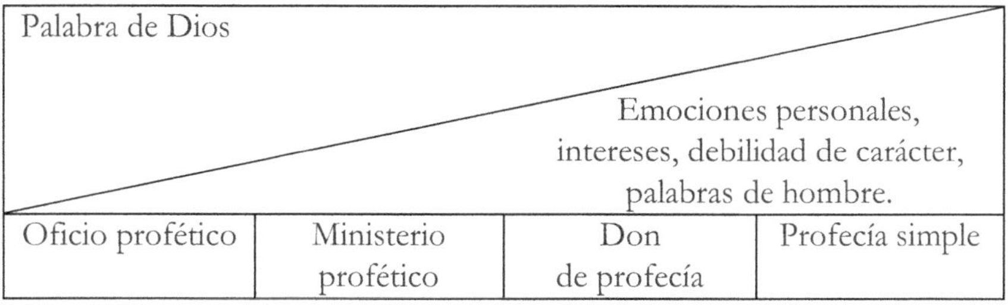

Palabra de Dios		Emociones personales, intereses, debilidad de carácter, palabras de hombre.	
Oficio profético	Ministerio profético	Don de profecía	Profecía simple

Nota: (Bickle y Sullivant, 1998).

Por un lado, podemos ver que nos está revelando la grosura de Dios, cómo va en aumento desde el nivel I al nivel IV, por otro lado, nos deja ver cómo se reduce el contenido de la palabra de hombre hasta llegar a la plenitud del Espíritu, o sea, que esto nos deja ver también las diferencias que hay en estos cuatro niveles proféticos.

Qué rico es ver en nuestra iglesia el crecimiento en lo profético. Que, de una sencilla palabra inspirada, de esas que se dan en cualquier momento, se pueda hablar de la grosura del corazón de Dios; y cómo los hombres con llamado profético van saliendo de tener pequeñas experiencias con Dios hasta llegar a grandes manifestaciones sobrenaturales proféticas del poder de Dios.

Puedo decirte también que la iglesia ya no debe quedarse con las simples palabras que llegan de momento, tenemos la necesidad de crecer e ir a nuevos niveles, para que también la iglesia deje de estar centrada solamente en el tiempo de reunión, es decir, en cultos o servicios, y que pase a un tiempo de profunda intimidad con Dios; porque Dios está queriendo revelarles a los suyos su voluntad mediante una vivencia profética.

Amos 3:7 nos dice: **Porque no hará nada Jehová el Señor, sin que revele su secreto a sus siervos los profetas.** Esto se hará a través de los cuatro niveles proféticos de los que he hablado, pero con un sentido de mayor profundidad, a través de lo que he llamado el oficio del profeta.

Animo a todos los lectores a crear cultura profética, a despertar en lo profético, y a desencapsular todo lo profético que se ha quedado guardado en cápsulas; al hablar de crear cultura profética nos referimos a poder declarar lo que el apóstol dijo a la iglesia en Tesalónica: no apaguéis al Espíritu; no menospreciéis las profecías; examinadlo todo; retened lo bueno; absteneos de toda especie de mal (Tesalonicenses 5:19-22). Esto es poder desarrollar lo profético de Dios a través del cuerpo, para la edificación de los santos, en pocas palabras, es establecer la cultura profética en la iglesia de Jesucristo de estos tiempos.

Capítulo 6

Ética y protocolo en lo profético

En cuanto a ética y protocolo debo comenzar con el versículo 1 de Corintios 14:32, este dice: «Y los espíritus de los profetas están sujetos a los profetas». Es muy importante entender que esto no es un asunto de la mente y las emociones, que dejarían correr a través de nosotros la adivinación, si esto fuera así, estaríamos siendo usados como falsos profetas, esto sería como ser adivinos, trayendo confusión y maldición, por eso el espíritu del profeta debe estar sujeto al profeta, ya que es un asunto espiritual.

Seguidamente, en el versículo 33 de ese mismo libro el apóstol Pablo añade: «Pues Dios no es Dios de confusión, sino de paz». Es decir, se necesita una armonía y un orden en medio de lo que es la adoración y el fluir del espíritu.

Aunque todos sabemos que Dios nos entregó los dones del Espíritu Santo para que los desarrolláramos y fueran ejercidos, creo que en ningún momento esto puede ser excusa alguna para generar un caos y hacer de ellos lo que se quiera, pues si se presenta desorden o anarquía, con este tipo de acciones estaríamos impidiendo el fluir de Dios en favor de sus hijos, como debería ser. Por eso es necesario saber qué es ética y qué es protocolo.

Según el *Diccionario enciclopédico Larousse* (2000) «ética», del latín *ethicum*: parte teórica de la valoración moral de los actos humanos. Sinónimo: moral, conjunto de principios y normas morales que regulan las actividades humanas.

La ética, teniendo que ver con la moral y el carácter, hace que la moral en un individuo sea la orientación de sus propias acciones, o sea, esto me habla de la conducta, de nuestras decisiones a tomar en el día a día, de lo relacionado también con los valores de la vida, puesto que hace una distinción entre lo bueno y lo malo, dejándonos a nosotros el poder de la decisión.

Creo que los asuntos de ética guardan una gran relación con la mayoría de los aspectos de la realidad, tienen que ver con la personalidad de un individuo en todas sus acciones, sus decisiones y todo lo que dicte la conciencia como un individuo libre.

Podemos saber que la ética de la tradición profética de Israel estaba fundamentada en la fe del creyente, Dios requiere las cosas buenas de su pueblo; como todo en la enseñanza de los profetas, lo que venía revelado también debía ser explicado, debidamente comprobado, aun clasificado también, y muy altamente relacionado con los cambios de las circunstancias en la vida de ese pueblo. Mi esposa y yo creemos que la ética profética es el resultado de los mandatos divinos decretados por el Señor a causa del inmenso amor por su pueblo, para que estos se cumplan en el pueblo y por amor a Dios.

La moral que hoy azota a la iglesia ha roto todos los límites que encaminaban la conducta de su pueblo, ya que hoy, con mucha facilidad, diferentes circunstancias directas o indirectas atacan y arrastran con pericia los corazones de los hombres, manchando de forma vil su ética.

No podemos confundir el desenvolvernos éticamente con acciones religiosas de falsas moralidades, o caer en el otro extremo de una rudeza con fachada de hombre fuerte que insensiblemente pasa por en medio de todo lo que no está bien. La ética nos ayuda a buscar el punto de equilibrio para una conducta debidamente aceptada ante los ojos de Dios, o sea, algo que agrada a Dios. Por ello, se hace preeminente la justicia, el derecho que Dios exige en las relaciones entre nosotros mismos y de nosotros con Él. Por eso nosotros asociamos la ética cristiana con la conducta humana, tal como está determinada por la conducta de Dios, esa es la conducta que debe mantener el cristiano en todo momento y en toda circunstancia.

El apóstol Pablo estableció unos fundamentos muy claros en las congregaciones que él creó o fundó. En 2 de Timoteo 3:10-11 dice: «Pero tú has seguido mi doctrina, conducta, propósito, fe, longanimidad, amor, paciencia, persecuciones, padecimientos, como los que me sobrevinieron en Antioquía, en Iconio, en Listra; persecuciones que he sufrido, y de todas me ha librado el Señor».

Date cuenta del siguiente detalle, unos de los fundamentos que se resaltan son la conducta, el carácter y la ética en el cuerpo de Cristo. ¿Por qué menciono los fundamentos? Es muy sencillo, porque la Biblia nos enseña que los apóstoles y profetas ponen el fundamento en la iglesia, así está escrito en Efesios 2:20: «Edificados sobre el fundamento de los apóstoles y profetas, siendo la principal piedra del ángulo Jesucristo mismo».

Apóstoles y profetas se hacen responsables de establecer o poner el fundamento en la iglesia de Cristo, y la ética es precisamente uno de estos urgentes fundamentos. Creo prudente que todos nuestros lectores sepan que el profeta es un ministerio sujeto a la iglesia local, como ya lo dije anteriormente; cuando hay un profeta en una iglesia este debe sujetarse a la autoridad su pastor, teniendo presente que en 1 de Corintios 14:32 dice: *que el espíritu del* *profeta se sujeta al profeta, como ya lo estudiamos.*

Para llegar a ser ministros competentes, según lo dijo el apóstol Pablo en 2 de Corintios 3:6, se requiere el desarrollo de un carácter moral. En los capítulos 22, 23 y 24 del libro de Números encontramos precisamente un cuadro perfecto de lo que es la ética y la moral en el corazón de un hombre.

Vemos al personaje Balac, hijo de Zipor, Rey de Moab, quien conocía la veracidad del profeta Balaam, por eso él dijo: «Yo sé que el que el tú bendigas será bendito y el que tú maldigas será maldito». El deseo de Balac era deshacerse de Israel a cualquier costo, incluso quiso manipular y seducir al profeta con diferentes cosas para lograrlo, pero hay que reconocer cómo Dios intervino en el corazón de Balaam para que este pudiera responder conforme al corazón de Dios, a sus deseos, su voluntad, y no a los antojos de los hombres.

Hay quienes quieren manipular lo profético y hacer uso indebido de ello para su beneficio. Aunque entendemos que el profeta Balaam era codicioso, se sintió movido a pedir consejo a Dios, que le prohibió que fuera, y en lugar de maldecir, Balaam se vio constreñido por el Espíritu de Dios a bendecir a los hijos de Israel con expresiones poéticas de una profunda belleza, con fuerza y energía, esto lo hizo tres veces. Aquí es donde muchos hombres son probados. Definitivamente creo que Dios interviene en nuestros corazones para que actuemos correctamente y podamos ver la ética obrando como debe ser.

Una vez me encontré predicando en una gran iglesia ubicada en la zona costera, por motivos obvios me reservo el nombre, allí el pastor me decía: «Oiga, profeta, al hermano Fulano de Tal Dios le habló de que recibiría un nuevo carro, y ya lo recibió; le habló también de que tendría unos nuevos contratos de ingeniería, y ya los tiene desde hace seis meses, y este no le ha cumplido a Dios diezmando. Por favor, dígale algo como si fuera de parte de Dios para que se ponga al día».

Cuando le contesté al pastor que yo no me movía por los deseos o manipulaciones de los hombres fue grande su disgusto conmigo, y argumentó que más bien eso era un acto de nobleza, haciendo que esta persona cumpliera con su diezmo y pudiera bendecir la iglesia. Agregó que, si él inmediatamente reaccionaba diezmando y pagando lo que debía, él me podía bendecir aún más por mi estadía.

Entonces, fui enfático, y le dije que no era una manera sana ni ética para manejar el asunto; que él —como su pastor— debía llamarlo a su oficina y con autoridad hacerle ver el error que estaba cometiendo al no cumplirle a Dios, pero era necesario que le quedara claro al pastor que yo no me iba a dejar llevar por sus deseos y su avaricia. Yo estaba dispuesto a terminar mi estadía allí, y así se lo hice saber a él. Nosotros sabemos que hay mucha gente en la iglesia que recibe la bendición y no le cumplen a Dios, pero no puede estar en nosotros el llegar a manipularlos, y menos dizque «en el nombre del Señor».

Es necesario aclarar que el tema de ética está relacionado profundamente con la moral y el corazón del hombre. En este capítulo ya estudiamos lo que es ética, ahora analicemos lo que es protocolo profético, pero primero, quiero definir qué es protocolo. Según el *Diccionario enciclopédico Larousse* (2000):

> Conjunto de reglas de cortesía y urbanidad establecidas para determinadas ceremonias. 2. Regla ceremonial, diplomática o palatina, establecida por decreto o por costumbre. 3. Serie ordenada de escrituras matrices y otros documentos que un notario o escribano autoriza y custodia con ciertas formalidades. 4. Conjunto de reglas que rigen el intercambio de informaciones entre dos equipos o entre dos sistemas conectados entre sí.

La Biblia nos dice en 1 de Corintios 14:29-33:

- Asimismo, los profetas hablen dos o tres, y los demás juzguen.
- Y si algo le fuere revelado a otro que estuviere sentado, calle el primero.
- Porque podéis profetizar todos uno por uno, para que todos aprendan, y todos sean exhortados.
- Y los espíritus de los profetas están sujetos a los profetas.
- Pues Dios no es Dios de confusión, sino de paz.

La dinámica profética de la que nos habla el apóstol Pablo es muy enriquecedora, nos aporta muy sabiamente para que podamos regirnos por ella. Sabemos que el ministerio profético en la iglesia es de gran bendición para el pueblo, pero hay que entender que, si el don es mal desarrollado, sin una identidad clara en el ejercicio dentro de la iglesia, sencillamente, será de maldición, traerá caos, golpeará el corazón de algunos, confundirá los corazones de muchos y la iglesia estará en un sentimiento de malestar. No podemos olvidar que lo profético es vulnerable a ser imitado, pero el apóstol Pablo nos anima en la escritura a poderle juzgar.

El protocolo profético para nosotros, por la experiencia que hemos tenido, son las normas que rigen el buen desarrollo y bienestar de todo lo que tiene que ver con revelación profética a través de los hombres.

Normas que en algunos casos no se hacen rígidas, ya que hay momentos, situaciones o circunstancias en las que se presentan acciones o declaraciones proféticas a través de las personas, y el protocolo profético tiene que darle un buen manejo.

Si nosotros, como ministros y pastores, diseñamos y

levantamos un protocolo profético traeremos a la iglesia cuatro tipos de beneficios:

- Se dará claridad de lo que es el verdadero mover profético en la iglesia y el cuerpo.
- Tanto los fieles como los que van aprendiendo en el ministerio profético —o llamados también practicantes de lo profético— podrán ser bendecidos y edificados.
- El pastor, la iglesia y quienes son usados proféticamente podrán tener paz, ya que las cosas que vengan reveladas por el individuo vendrán en el orden establecido por Dios.
- Detendrá el corazón de aquellos falsos profetas que con ideas malignas y macabras maquinaciones quieran venir a sacar provecho en las iglesias.

La Biblia nos dice en Romanos 13:1: «Sométase toda persona a las autoridades superiores; porque no hay autoridad sino de parte de Dios, y las que hay, por Dios han sido establecidas». También nos dice en el libro de Hebreos 13:17 *obedeced a vuestros pastores, y sujetaos a ellos; porque ellos velan por vuestras almas, como quienes han de dar cuenta; para que lo hagan con alegría, y no quejándose, porque esto no os es provechoso.* Tenemos un gobierno en la iglesia que ha sido establecido por Dios y cada cristiano.

Al hablar de «cristiano» nos estamos refiriendo aquel que es santo, obediente, humilde y está sujeto a Dios, será el que podrá reconocer la verdadera importancia de moverse de forma correcta y con una verdadera autoridad espiritual.

El profeta del Nuevo Testamento, contrario al del Antiguo Testamento, ya no es un hombre solitario, sino que ahora forma parte del fundamento mismo. Y como ya se dijo, el profeta, en unidad con los apóstoles, trae la exhortación, edificación y consolación a la iglesia, formando parte del equipo ministerial, es decir, apóstoles, profetas, evangelistas, pastores y maestros de la iglesia local.

Cuando hay armonía en el equipo ministerial, la iglesia se fundamenta, y el pueblo crece de forma sana y saludable. A lo largo de nuestra experiencia hemos podido establecer nuestro protocolo para el buen desarrollo de lo profético en nuestra iglesia.

Por esto, aquellos que se mueven en lo profético, en cualquiera de los niveles expuestos (*la sencilla palabra profética; el don de profecía en crecimiento; ya no es solo un don; es un ministerio; vivencia de un oficio profético)* deberán desarrollar lo demandado por el protocolo profético. De este modo es como lo he enseñado en nuestro instituto de formación bíblica, y muchas veces lo hemos hecho saber a la iglesia. Miremos algunos parámetros del protocolo:

- Si una persona tiene una palabra profética, esta deberá venir a uno de los pastores o al pastor principal de la iglesia, pues ellos son autoridades dentro del cuerpo, o en dado caso, acercarse a un profeta, sea de ministerio o de oficio, y contar la palabra profética que Dios le haya dado.

  Quien la reciba deberá sopesarla, ponerla a prueba, y si el individuo es una persona nueva en el evangelio o es un principiante, entonces deberá ser responsabilidad del pastor o del profeta que haya recibido la palabra de ponerla en conocimiento de las demás autoridades, y así decidir si debe ser expuesta o no a la iglesia.
- Cuando un individuo se levanta y declara una

palabra profética inspirada, sin previo aviso, en plena enseñanza de la palabra, el pastor debe tomar la autoridad y pedirle a la persona que se acerque para escuchar la palabra que él pueda tener, de modo que sea sopesada. Esta es una forma de enviar una señal para que cualquiera que tenga otra palabra para dar, se abstenga de comenzar a declararla y se acerque primeramente al pastor.

- Si alguien se levanta declarando una palabra después de haber terminado el servicio, en los momentos de ministración, se debe proceder de la misma manera que en el punto anterior.
- Todo sueño, toda palabra de revelación, toda visión, etc. que venga por los miembros del equipo profético o incluso de cualquier persona que declare tener ese tipo de revelación, deberá escribirlo y hacerlo llegar a las autoridades del ministerio para que esta palabra sea evaluada.

Mi esposa y yo no estamos de acuerdo con que un hermano en Cristo llame a otro miembro de la iglesia, y quiera darle alguna palabra sea por sueño, visión o revelación, diciéndole que Dios le dio un mensaje para él. Lo idóneo sería proceder considerando lo siguiente:

- Si alguno tiene una palabra para otro miembro de la iglesia, como ya se explicó, tendrá que escribirla, y de forma pronta llevarla a los que están autorizados para sopesar dicha palabra, para saber si debe ser compartida.
- Cuando se levante un hombre o una mujer declarando tener revelación profética, tendrá que ingresar al equipo de los principiantes

para comenzar a crecer y ser observado en su desarrollo, para luego así llegar a ser aprobados por los pastores.

- Todos los que están formando parte del equipo profético deben tener siempre un espíritu enseñable y estar dispuestos a ser exhortados en el momento necesario. Cuando ellos tengan un mensaje de profecía, debe ser entregado al liderazgo aprobado por los pastores, y ellos deberán reportar a los pastores.
- Es importante hacer reuniones periódicas para evaluar todo lo que se ha realizado en el tiempo de una reunión a otra, y así hacer los correctivos pertinentes.
- Los miembros del equipo profético deberán rendir informes de lo que ellos vengan recibiendo, o en el caso de los ministros y oficios proféticos, de lo que ellos vengan desempeñando.

Si mantenemos un equipo de trabajo que se desarrolle protocolariamente, no solo traeremos orden y paz a la iglesia, sino que verdaderamente estaremos edificando al cuerpo y tendremos una vida saludable en la iglesia, entonces, levantaremos una vida con propósito en cada miembro.

Aquí es muy importante (para todos los aspirantes y para quienes ya forman parte del equipo profético) llevarlos a hacerse las siguientes preguntas:

- ¿Qué es lo que motiva mi corazón para estar aquí?
- ¿Cuáles son las intenciones de mi corazón para conmigo y para los que me rodean?
- ¿Tengo un corazón humilde y dispuesto a

ser enseñado?

- ¿Verdaderamente estoy siendo guiado por el Espíritu de Dios?
- ¿Estoy dispuesto a ser ejemplo y, además, a marcar la diferencia?
- ¿Hay unidad en mi corazón?
- ¿Qué fruto estoy dando?

También es de suma relevancia considerar que si a una persona con llamado profético, ministro o de oficio profético, al visitar una iglesia diferente a la suya, se le viene revelación profética, debe callar e identificar a la autoridad competente de esa iglesia a la que ha llegado, para que la palabra recibida sea expuesta a él, y someterse a la decisión que tome la autoridad de dicha iglesia.

Cuando a nosotros han venido personas con lo profético, sean de oficio, ministerio o con revelación les hacemos saber de nuestro protocolo, al que ellos tendrán que someterse, y si hay alguna revelación para declarar, tal revelación tendrá que pasar por el filtro; es decir, por los pastores y el equipo profético, de modo que sea sopesada para saber si se da o no.

A lo largo de nuestro ministerio y de nuestros continuos viajes hemos visto que del 100% de las iglesias que se mueven en lo profético solo un 0,2% se mueven protocolariamente. La iglesia se ha abierto mucho a lo profético, claro que sí, pero pienso que hay un poco de desorden, en este sentido, al no pasar por el filtro lo que se está recibiendo.

Por eso, en estos tiempos estamos viendo muchas campañas proféticas en las que, en algunos casos, se llega a los abusos y se cae en divisiones. Porque aun cuando se gusta de lo profético, hay mucho desconocimiento de esto de parte y parte.

En nuestro oficio profético hemos aprendido también que, si hay un profeta de oficio o de ministerio ministrando en una iglesia, y este tiene una palabra para el pastor de la iglesia o para uno de sus pastores deberá acercarse al pastor principal y decirle: «Pastor, Dios puso una palabra en mi boca para usted (o para uno de sus pastores), quiero contársela, y si usted la aprueba se expondrá públicamente».

Solo cuando se tiene una extrema confianza y el profeta de oficio o ministerio ya es conocido o reconocido se le puede dar libertad para declarar palabra profética sobre los ministros. Aquí es muy importante tener en cuenta el testimonio de la persona que ejerce el oficio o el ministerio profético y realizarse los siguientes interrogantes:

- ¿Cuál es su testimonio de vida?
- ¿Cómo se ve su hogar?, ¿cómo están sus hijos?
- ¿Se le siente comunión con Dios?
- ¿Es un hombre divorciado o separado?
- ¿Es marido de una sola mujer?

Desafortunadamente, hoy hay muchos «ministerios-fachadas», que ocultan lo que hay en el interior de sus corazones y sus hogares; por esto es necesario pedir referencias de estos ministerios que no sean muy conocidos.

Dentro de lo que es ética y protocolo es muy importante tener en cuenta que aquellos que vengan tocando las puertas para decir: «Invítenme a predicar, a ministrar», y traen en sus manos álbumes con fotos tomadas al lado de «X» o «Y» ministerio o, sencillamente, fotos de eventos que según ellos han realizado en algunas iglesias (para mostrar como carta de presentación), este tipo de personas casi siempre representan ministerios a los que nosotros hemos llamado «arandelas sueltas», que ruedan solitarios y no sujetos a un ministerio en una iglesia local.

Siempre le digo a los pastores que han sido visitados por este tipo de personas que tengan cuidado y se abstengan de invitarlos nuevamente a ministrar en sus iglesias. Dios es un Dios de orden, y es Dios quien se encargará de abrir las puertas. Recordemos lo dicho anteriormente: *yo no me llamo, a mí me llaman.*

Un día me encontraba predicando en una iglesia en Bogotá, capital de Colombia, por boca del pastor era la segunda visita profética que venía a su iglesia, ya que ellos apenas se estaban disponiendo al mover profético, fue un tiempo maravilloso y pude declarar lo profético enseñando un orden de ministración, por así decirlo.

Ocho meses después volví a esta misma iglesia (me reservo su nombre), ¿y cuál fue mi sorpresa? Que ya tenía una mujer profeta de cabecera, la cual en un momento de mi predicación se levantó alzando su dedo índice y declaró una palabra de juicio contra el pastor y la iglesia, y entre las locuras que decía mencionó que ninguno se iba a salvar y todos se iban a condenar.

Pedí a uno de mis pastores que se acercase a esta mujer y le pidiera que se callara, y que más bien le comentara la palabra profética que ella le tenía a él, pero esta mujer no quiso, y aun con más enojo corriéndose a un lado siguió profetizando, luego paró, pero ya el daño estaba hecho. Ella era la «profeta» de la iglesia.

Terminé mi mensaje e hice una explicación a la iglesia de lo que era el protocolo profético, de lo importante que es trabajar en equipo y de lo maravilloso que es caminar en sujeción y obediencia. Después, me acerqué a ella, y en privado le hice una exhortación a la prudencia y sujeción, pero ella, inmaduramente, corrió a contarle a su pastor, y su pastor, inmaduramente también, sin ningún tipo de ética, me expresó su enojo y su desacuerdo, y no aceptó que yo le advirtiera que ese tipo de personas eran falsos profetas, que su intención era dividir la iglesia.

Pasaron aproximadamente entre 6 o 7 años, y Dios puso en mi espíritu llamar al pastor para pedirle perdón por cualquier molestia causada de mi parte; mas él, con mucho respeto y humildad, me dijo que él era quien tenía que pedir perdón por no haber atendido a la voz del consejo, ya que dicha mujer —cinco meses después— dividió su iglesia, maltratándola profundamente.

Contar esta experiencia es muy importante, para que tengamos en cuenta lo que es la ética y protocolo profético dentro de una iglesia, ya que ello nos ayudará a mantener el orden y la paz, a fin de edificar al cuerpo de Cristo.

Capítulo 7

Del dicho al hecho, y de la promesa al cumplimiento

Cuando me convertí, observaba a mi pastor y me admiraba, pues era un gran maestro de la palabra. Veía cómo diferentes pastores venían a nuestra iglesia y aportaban un sinnúmero de cosas que me llenaban de ilusiones y de deseos de servir a Dios, todos estos deseos aumentaban más con esas visitas de los otros ministerios, e ignoraba que había un camino de formación. Un día, con escasas seis semanas de convertido, le dije a mi pastor:

—¡Yo quiero hablar como usted habla ahí!

—¡Ah, quiere predicar! —contestó.

—¡Eso! Sí, quiero predicar —le dije.

Eran como las cuatro de la tarde de ese lunes, y el pastor me dijo «lo espero el próximo lunes a las 8 de la mañana».

Amado/a lector/a, ¿qué iglesia tiene culto a las 8 de la mañana y un lunes? Bueno, ¡la mía! Ya que yo iba a predicar.

Como tenía un almacén de textiles, de inmediato corte una tela color beige para fabricar pantalón y chaqueta, vestido completo, y corté otra tela color curuba para fabricarme una camisa. Ese lunes en la noche corrí al sastre de confianza para que me fabricara mi traje.

Llegó tan anhelado lunes a las 8 de la mañana, iba

bien hermoso de traje *beige* con camisa curuba, zapatos y correa color miel y mi Biblia grande tapa negra —Biblia como para un evangelista—.

Solamente vi el carro del pastor afuera, y pensé: «¡*Wow*, todos se vinieron a pie, qué gran esfuerzo!» Toqué la puerta, y me abrió la hermanita Barbarita, querida mujer de Dios, quien vivía en la iglesia y a quien veía desde mis primeras siete semanas de convertido haciendo el aseo de la iglesia, pues nadie se atrevía a dar la milla extra y a ayudar para el aseo de la iglesia.

—¿Dónde están? —pregunté muy emocionado.

—¡En la oficina! —me respondió con un tono de asombro, como quien se pregunta qué está pasando.

De inmediato pensé en mis adentros: «¡Pero en la oficina no caben todos!». Cuando llegué a la oficina estaba el pastor en su escritorio, escribiendo, y yo, tocando a la puerta y carraspeando mi garganta, con voz un tanto temblorosa, dije:

—¡Llegué yo!

El pastor no levantaba su cabeza. Unos tres o cuatro minutos después paró de escribir y levantó su cabeza.

—¿Está listo? —me dijo, y añadió —: ¿Va a predicar?

—¡A eso vine! —le contesté.

—Pero ¿está listo? —preguntó nuevamente.

—¡Claro, a eso vine! —le contesté otra vez.

Él volvió a agachar su cabeza y siguió escribiendo. Me quedé de pie frente a la puerta como cinco minutos más; luego él se detuvo, acostó el lapicero encima del escritorio, se levantó, pasó casi por encima de mis pies sin siquiera darme la mano de saludo, giró hacia la parte trasera de la iglesia y salió por una pequeña puerta hacia el patio.

Pensé: «¡Oh, están en el quiosco!» Y fui saliendo con el pecho inflado, moviendo los hombros de lado a lado como pavoneándome y haciendo alarde de grandeza, pero cuando salí, no había nadie en el quiosco.

Vi como subía tres gradas a un pequeño cuarto, y otra vez, de forma rápida pensé: «¡Oh, están en el aposento alto en oración, y ahora que entre se van a tirar al piso como haciendo reverencia y como diciendo "¡hala!, ¡hala! ¡Llegó el predicador!"».

Cuando entré, efectivamente, estaban ahí parados: ¡Las escobas, los traperos, los cepillos, los recoge basuras! Me encontraba asombrado, con un revuelto de sentimientos y con los ojos bien abiertos.

—¡¿Qué pasó?! ¡¿Dónde están?!

—¿Va a predicar? ¿Va a predicar? —me preguntó dos veces.

—¡Claro, a eso vine! Pero ¡¿dónde están?! —le dije en mi ingenuidad.

—¿Pero va a predicar? ¿Va a predicar? —preguntó otra vez.

—¡Claro! A eso vine, pero ¡¿dónde están?! —dije nuevamente.

Y él, con más fuerza en su voz y en un tono de autoridad me dijo: «¡Si va a predicar en la iglesia, primero debe barrer la iglesia, trapear la iglesia, hacer aseo en la iglesia, servir en la iglesia y luego sí, predique!» Y salió del cuarto.

Justo cuando iba a entrar una vez más en el templo, devolviéndose un poco, me dijo: «¡Empiece lavando primero los baños, luego barra la iglesia, trapee y me deja todo bien limpio y colgado!». Y yo, ese hombre hermoso que vino a predicar, me quité la corbata y el saco, remangué mis pantalones y mangas, y me puse a lavar los baños e hice aseo en la iglesia.

Ese miércoles en la noche teníamos servicio. Llegué a la iglesia, siempre me sentaba adelante, no me gustaba la parte de atrás porque no me dejaban oír, pero ese miércoles me senté atrás, muy molesto, y el pastor exclamó desde el púlpito: «¡El hermano Gustavo quiere ser un gran predicador!».

Saqué pecho, porque me decían Pecho de buque, y él volvió a decir: «¡El hermano Gustavo lavó los baños, barrió y trapeó la iglesia!» Me fruncí, me dio vergüenza, pero él volvió a decir *¡pero él quiere ser un gran predicador!*

Amado/a lector/a, Dios fue bueno, ya que al año y once meses más me ascendieron y dejé de hacer aseo en la iglesia, y pasé a cuidar los carros en la calle. De ahí fui pasando por cada proceso, de este modo pude entender que una piedra preciosa antes de estar montada en alguna prenda era una piedra en bruto, pero tuvo que ser procesada, y como dijimos, Lucia y yo al comienzo de nuestro libro: el vino, para llegar a su mejor sabor tuvo que pasar por el proceso de decantación.

Cuando titulamos este capítulo «Del dicho al hecho, y de la promesa al cumplimiento» lo que le estamos queriendo transmitir a nuestros lectores es que nadie se hace un apóstol, profeta, evangelista, pastor o maestro de la noche a la mañana. Así como yo no nací adulto, sino que fui un esperma y un óvulo que fecundaron, que se formó en el vientre de una madre, y nació como un bebé, el cual fue amamantado, luego destetado, para comenzar a caminar, ir creciendo y formando al adulto que hoy soy.

En 1 de Corintios 13:11, el apóstol Pablo nos dice: «Cuando yo era niño, hablaba como niño, pensaba como niño, juzgaba como niño; mas cuando ya fui hombre, dejé lo que era de niño».

Creo muy profundamente que está haciendo referencia, precisamente, a que no nacemos adultos, sino que nacemos niños, y en un sano desarrollo y crecimiento llegamos a ser adultos, con una vivencia y experiencia que se consigue en el proceso de madurez que se manifiesta al ser adultos.

Esto puede sonar para algunos lectores como algo

novelesco, pero nosotros siempre estamos recalcándole a la iglesia, sea en mi iglesia o en cualquier otra, que *del dicho al hecho hay un trecho, y de la promesa al cumplimiento hay un tiempo*, y con una expresión de gozo te recito el siguiente verso: «No te precipites *pites*, no te desesperes *peres*», como lo dije anteriormente.

Y esto es para darles a entender que en el caminar de la vida cristiana no encontramos atajos que nos lleven más rápido a nuestro destino, sino que hay un camino por seguir, y este camino está lleno de procesos por donde nos es necesario pasar.

Recuerdo un día que estaba predicando en una campaña en cierta iglesia, y dentro de lo que fue la palabra profética impartida a la iglesia, Dios le habló a un hombre por boca mía diciéndole que Él lo prepararía para desarrollar un ministerio pastoral (esta fue parte de su palabra profética). Pocos días después, este hombre llegó a su iglesia vestido con un traje muy elegante y mirando al pastor le dijo: «Ahora es de pastor a pastor», y le pidió la bendición dizque para salir a pastorear.

¿Qué podemos ver aquí? Estamos viendo lo que hoy suele suceder en muchas iglesias, se están tomando a la ligera las palabras que vienen de Dios, y se están acomodando al antojo y capricho del corazón del hombre.

Todos sabemos que es Dios quien llama a los hombres para la obra, al ministerio, pero nadie se hace de la noche a la mañana un ministro aprobado. Esto implica un proceso por desarrollar para que la vida del ministro sea formada en la persona que ha sido llamada a un ministerio.

La Biblia registra muchos casos de estos, permíteme mostrar algunos de ellos, por ejemplo, Génesis, capítulo 37 dice que José siendo de edad de 17 años, apacentaba las ovejas con sus hermanos. La Biblia nos cuenta que José tuvo dos sueños que le hablaban de una autoridad de gobierno, es decir, que un día gobernaría y regiría sobre toda una nación, pero dice también esa historia que sus hermanos se enojaron, y llenos de envidia lo vendieron, ahí fue el inicio de un proceso de formación en su carácter que lo llevaría a la madurez, que podríamos llamar «formación ministerial». Esto duró trece años en los cuales José experimentó circunstancias difíciles en todos los aspectos de su vida.

Luego nos registra la Biblia, en Génesis 41, que José tenía 30 años cuando fue presentado delante del faraón, rey de Egipto; y salió José delante de faraón recorriendo la tierra de Egipto como el segundo en mando.

Nota esto: *del dicho al hecho…* Él era una piedra en bruto que necesitaba un proceso de pulimento y formación, *y de la promesa al cumplimiento…* Ojo, los dos sueños de José no lo hacían el líder que estaría a la par con el faraón, a él le era necesario experimentar los procesos de esos 13 años, para dejar de ser José y pasar a ser Zafnat-Panea, y recibir por esposa a Asenat, hija de Potifera, sacerdote de On.

Mi esposa y yo nos encontramos abismados de ver cómo hoy por hoy proliferan los ministerios (cualquiera de los cinco) que de la noche a la mañana se han llamado, y con afán más profundo están abriendo iglesias y queriendo salir a predicar a todos los lugares posibles sin importarles la falta de preparación.

Nuestra preocupación no está en que surjan nuevos ministerios, sino en que nazcan ministerios sanos, saludables, con fundamento, preparados en la palabra y con el conocimiento que es necesario para sostenerse juntamente con la fe en esta difícil tarea.

Ya que los que han nacido de la noche a la mañana, sin pasar por el proceso de la formación, están cayendo más fácilmente en la debilidad de la carne y en las artimañas del enemigo, dejando así un mal testimonio ante los ojos de Dios, de su iglesia y —una cosa terrible— ante los ojos del mundo.

Necesitamos tener en claro que, *del dicho al hecho, y de la promesa al cumplimiento* es permitirle a Dios que nos lleve por los procesos necesarios para que se tenga una verdadera transformación. Es una tarea de romper con los viejos paradigmas, estructuras, para así poner los nuevos fundamentos.

Hay algo también que debemos tener en cuenta para llegar al cumplimiento de la promesa, y es que no es solo el proceso por donde debe pasar todo cristiano, sino respondernos qué requiere Dios de nosotros. Como hemos visto, Dios requiere de nosotros preparación, paciencia, humildad y algo muy importante: **obediencia y fe.**

En Génesis, capítulo 12:1-3, Dios le da una promesa a Abraham, le dice:

> Pero Jehová había dicho a Abram: Vete de tu tierra y de tu parentela, y de la casa de tu padre, a la tierra que te mostraré. Y haré de ti una nación grande, y te bendeciré, y engrandeceré tu nombre, y serás bendición. Bendeciré a los que te bendijeren, y a los que te maldijeren maldeciré; y serán benditas en ti todas las familias de la tierra.

Abram fue llamado el padre de la fe, a él vino un llamado soberano de Dios: *vete de tu parentela*; esto constituyó una prueba para la fe de Abram, quien era llamado a abandonar todo lo que amaba por una tierra que no conocía.

Fíjate que Abram obedeció parcialmente. Dios le dijo: «Vete de tu tierra y de tu parentela a la tierra que yo te mostraré», pero el salió con su padre y su sobrino a la tierra de Harán, donde permaneció por varios años hasta que su padre murió, y a partir de este momento pareciera que Abram empieza a obedecer. Dios le vuelve a decir en Harán que deje su tierra y a su parentela, y se va a Canaán, sin embargo, vuelve a desobedecer y se va con su sobrino Lot. Hasta que Abram no se separó de su sobrino Dios no empezó a cumplir las promesas que tenía para él.

Dios requiere de nosotros obediencia, muchas veces Él nos da una palabra, y como Abram, solo la obedecemos parcialmente, y empezamos a preguntarnos si la palabra que nos dieron era de Dios. No es solo escuchar la palabra, no es solo caminar en ella, sino que Dios requiere de nosotros que le obedezcamos. Si te has sentido así en cuanto a la promesa o las promesas que Dios te ha dado es el momento de mirar a tu interior y preguntarte: ¿He obedecido completamente a la palabra que me fue dada?

Porque la palabra no es solo la dicha de recibir lo que Dios prometió. Toda palabra profética tiene una condición, y es: «Te voy a bendecir, pero tienes que hacer esto o aquello».

Si seguimos viendo esta historia nos encontramos algo bien interesante, lamentándose Abram de su falta de descendencia, Dios le confirma la promesa (Génesis: 15:5). «Y [Abram] creyó a Jehová, y le fue contado por justicia». Ésta es la primera mención de la fe. A su pregunta de cómo iba a saber él que iba a poseer la tierra, Dios dispuso con él un pacto con sacrificio, como era la costumbre en Oriente (Génesis: 15:9-10).

Sin embargo, este pacto no fue confirmado por las dos partes, sino únicamente por Dios (Génesis: 15:17-21). Al ser solamente Dios, bajo la apariencia de una antorcha de fuego, quien pasó entre los animales divididos, habiendo quedado Abram sobrenaturalmente postrado. Así, Dios se ligó incondicional y unilateralmente a Abram por este pacto. Y esta es la única promesa que Dios le ha dado al pueblo de Israel donde, incondicionalmente, Él va a cumplir esa palabra.

Aunque aparentemente en esta promesa Dios no le pidió a Abram nada, hasta que Abram no empezó a obedecer, Dios no comenzó a glorificarse en su vida. Abram, en su afán por ver la promesa cumplida, sigue cometiendo errores, y toma a Agar, la sierva de Sara, para tener descendencia. Aquí podemos ver cómo los esfuerzos del hombre tratando de ayudar a Dios a cumplir su promesa no cambian el plan de Dios.

Teniendo en cuenta su esterilidad, la sugerencia de Sara fue que Abram tomara a su sierva como esposa, esto resultó en el nacimiento de Ismael, un niño que causó celos y conflicto entre las dos mujeres, posteriormente, entre los dos hijos y, hasta el día de hoy, entre sus descendientes. Diez años antes, Abram creyó que Dios le proporcionaría un hijo. Sarai, a la edad de 75 años, había agotado su fe, y ahora Abram flaqueaba también. Al tener que esperar quince años más, concibieron su propio plan, que el Nuevo Testamento identifica como un nacimiento «según la carne» (Gálatas 4:23).

A sus 99 años, Dios se reveló a Abraham como «el Dios Todopoderoso», nombre que indica que los recursos se hallan en el mismo Dios. Entonces, cambió su nombre (Abram) por Abraham, debido a que iba a ser el padre de muchedumbre de gentes, o naciones. Jehová, renovando su pacto con Abraham, le prescribió el signo de la circuncisión (que es una figura de la no confianza en la carne), y que puso en práctica en el acto. También cambió Jehová el nombre de Sarai por el de Sara, porque iba a ser una princesa, e iba a tener un hijo (Génesis: 17).

Cuando expreso que del dicho al hecho hay un trecho, y de la promesa al cumplimiento hay un tiempo, lo que también digo es, precisamente, que no podemos violentar la fe (nuestra fe), porque cuando la violentamos metemos la mano en los asuntos de Dios, y en lo que Él ya tiene el control, entonces, golpeamos lo que Dios tenía para nosotros, adulteramos lo que estaba santo para nosotros o establecido para nosotros. Abraham tomó a Agar por la falta de fe, así como por su negligencia, y cuando no caminamos en fe, sino que obramos en nuestra propia sabiduría, lo que estamos queriendo hacer sería como estar «ayudando» a Dios a que se cumpla lo espiritual y sobrenatural en nosotros.

Debemos entender que si Dios nos ha declarado algo solo nos corresponde obedecer y creer, caminando en la palabra que se nos dio, porque de esta manera atravesaremos los procesos y tendremos el cumplimiento de lo dicho por Dios, o sea, *del dicho al hecho…* Porque hemos recorrido el trecho necesario podremos ver la veracidad de que lo prometido tuvo cumplimiento. Ir de la promesa al cumplimiento, que por nuestra obediencia y la fe se cumplió en el tiempo específico.

En Abraham, finalmente lo vemos cumplido en su hijo Isaac, cuando viene la prueba de la fe a Abraham, Dios le pide que sacrifique a su hijo, y ya en este momento Abraham estaba en otro nivel, donde había aprendido la obediencia y a tener fe en Dios, y sin pensarlo decide ir a ofrecer a su hijo como Dios le estaba pidiendo.

- Por la fe Abraham, cuando fue probado, ofreció a Isaac; y el que había recibido las promesas ofrecía su unigénito.
- Habiéndosele dicho: En Isaac te será llamada descendencia.
- Pensando que Dios es poderoso para levantar aun de entre los muertos, de donde, en sentido figurado, también le volvió a recibir. (Hebreos 11:17-19)

Abraham obedece, y si no hubiera intervenido la mano de Dios, hubiera dado muerte a su hijo, creyendo «que Dios es poderoso para levantar aun de entre los muertos».

Te animo una vez más a que tengas un cuaderno de voz profética para que cuando Dios te traiga una visión, palabra de revelación, profecía, un sueño, etc., puedas escribirla con fecha y hora, y cuando estés en tus tiempos de oración puedas sacar dicho cuaderno y orar por esas promesas.

Habacuc 2:2-3 dice:

> Y Jehová me respondió, y dijo: Escribe la visión, y declárala en tablas, para que corra el que leyere en ella. Aunque la visión tardará aún por un tiempo, mas se apresura hacia el fin, y no mentirá; aunque tardare, espéralo, porque sin duda vendrá, no tardará.

Dios está interesado en que tengamos una profunda intimidad con él, que esto sea prioritario para nosotros, que reposemos en sus manos toda preocupación, tristeza o duda, que confiadamente esperemos por lo que Él traerá como respuesta y por la dirección que dará a nuestro camino.

Por eso se hace necesario, que apartes tiempo de altar personal para orar, estudiar la palabra y adorar al Señor, que tu oído se pueda detener a escuchar la palabra cuando tú la leas, que seas retroalimentado, y eso quiere decir que cuando la leas, la puedas estudiar y meditar como cuando las vacas rumian, necesitas persistencia en la búsqueda del Señor, y hacer una reflexión profunda de todo lo que Dios te dice o lo que Dios le ha hablado a tu corazón, y espera en el Señor.

Amado/a lector/a, lo que Dios te ha dicho no es pequeño, y lo que Él hace siempre es grande. Tus promesas se cumplirán en Cristo en el tiempo que Él ya estableció para ti.

Algunos puntos clave

Antes de comenzar el último capítulo de este libro, quiero retomar algunos puntos clave:

- Cuando Él ha señalado a un hombre, hará con él cosas que muchas veces no se entiendan en el momento.
- Dios no está preocupado por quién eres, sino por lo que serás en Él, no se afana por dónde estás, sino por dónde estarás.
- El Señor es experto en tomar del barro, y hacer del barro un instrumento útil en sus manos para la extensión del reino.
- Todo trabajo con Él tiene un proceso.
- Cada proceso de Dios en la vida del hombre va dejando ver etapas quemadas y niveles concluidos. Esto nos habla también de crecimiento.

Capítulo 8

¿Cara o sello?

Desde muy niño, usualmente, cuando nos reuníamos con nuestros compañeritos para cualquier tipo de juegos, para conformar los equipos sacábamos una moneda. Los dos capitanes de los equipos pedían la cara o el sello de la moneda. A quien le cayera lo que había pedido (sea cara o sello) podría escoger su jugador, o sea, era un juego de suerte, se escogía al azar.

La palabra profética debe ser bien usada, porque si se usa como Dios manda es de bendición, pero si se usa de acuerdo con lo que la gente quiere escuchar o porque quieres que sepan que Dios también te habla, va a ser tropiezo para la bendición que Dios te quiere dar.

Hay muchos haciendo uso de la palabra como al azar, como a la suerte. Amado/a quiero aclararte que aquellas personas que toman la Biblia, la abren, y señalando donde quiera que se abra, ahí declaran una palabra y profetizan de esta manera (en donde se abrió la palabra), sea el pasaje o el libro que sea, buscan acomodar lo que la Biblia este diciendo a su interpretación, y esto con el fin de agradar o de cierta manera impresionar a los que ven este tipo de espectáculo.

La Biblia no se puede usar de esta manera. Sostengo un dicho callejero que dice: «Texto sin contexto

es un pretexto», hay que tener cuidado de esto.

Al comienzo del libro, comentaba cómo se me acercó una mujer y me dijo:

—Míreme a la cara. ¿Qué me ve?

Y yo le contesté que veía las arrugas de sus ojos, ¡su pata de gallina!, como en la jerga popular se dice. Pero ella insistía en que la mirase y le dijese algo, porque el asunto era: *cara o sello*. Entonces, le hablé con voz de autoridad y le dije que, si Dios no me había hablado, no tenía nada para decirle.

Moisés en su libro de Deuteronomio *18:19-20* nos dice:

> Mas a cualquiera que no oyere mis palabras que él hablare en mi nombre, yo le pediré cuenta. El profeta que tuviere la presunción de hablar palabra en mi nombre, a quien yo no le haya mandado hablar, o que hablare en nombre de dioses ajenos, el tal profeta morirá.

Así como no podemos tomar las escrituras al azar, así tampoco podemos profetizar lo que no se nos ha dado para hablar, pues estaríamos incurriendo en la desobediencia y adivinación, y fácilmente nos convertiríamos en brujos.

¿Por qué digo «cara o sello»? Porque hay muchos queriendo jugar a lo profético, y tienen la muletilla de «Dios me dijo», «Dios me habló» y del «yo siento», y comienzan a lanzar palabras como quien lanza dardos a un blanco queriendo apuntar hacia una verdad que de cualquier forma la puedan sacar, y se van inventando fábulas, y aun van declarando palabras proféticas por las apariencias de lo que están viendo.

Recuerdo el testimonio de aquella mujer que mirándome me dijo que había un espíritu de enfermedad en mí, yo le contesté que solo eran ocho días sin afeitarme, ella al ver mi rostro demacrado por la barba a medio salir, se imaginó cosas y soltó esa palabra.

Como el día que llegó a nuestra iglesia un predicador, y viendo a uno de mis pastores (que era bien gordo, su estómago protuberante) le «profetizó» diciéndole: «Deja el espíritu de cerveza».

Nosotros hasta el día de hoy no hemos encontrado un espíritu de cerveza, pero sabemos la intención de lo que quería decir, y era que dejara el vicio de tomar cerveza. Nuestro pastor, por motivos de salud, no podía ingerir alcohol, y más siendo un pastor consagrado a Dios, él no tomaba cerveza.

Lucía me comenta que una de las cosas que ha aprendido de mí y que yo también estoy aplicando, es que cuando llegamos a una iglesia a ministrar les pide a los pastores que no le comenten nada de nadie, ni de la iglesia, para que la carne no hable. Esto es bien importante porque así no nos dejamos llevar por nuestras emociones ni por las apariencias.

Pero esto de *cara o sello* no es solamente para los que hablan de parte de Dios, sino para aquellos que están buscando a diestra y a siniestra quien les hable «dizque de parte de Dios».

La palabra, en 2 de Timoteo 4:3, señala: «… **sino que teniendo comezón de oír, se amontonarán maestros conforme a sus propias concupiscencias**». Que es ¿comezón de oír? Comezón de oír, no es más que el ir en búsqueda de cosas nuevas, interesantes o curiosas, que estremezcan los sentidos de la gente. Lo tremendo de la comezón *de oír* es que, como no hallamos suficiente lo que Dios dice en su Palabra, vamos en búsqueda de cosas nuevas. Es el momento en el cual los espíritus de error se aprovechan para traer esas nuevas «verdades».

En Gálatas 1:8 encontramos una palabra clave para tener en cuenta, en cuanto a lo que queremos escuchar: *Más si aún nosotros, o un ángel del cielo, os anunciare otro evangelio diferente del que os hemos anunciado, sea anatema.*

Mucha gente se deja llevar por experiencias extrasensoriales, y se fanatizan de tal forma que no prueban los espíritus, sino que dan todo como cierto. Y así el diablo usará esa arma para exaltar la codicia, la avaricia, la vanagloria y el orgullo de las personas, de tal forma que crean a la mentira y rechacen lo que viene de Dios, que es la verdad. «**Amados, no creáis a todo espíritu, sino probad los espíritus si son de Dios; porque muchos falsos profetas han salido por el mundo**» (I Juan 4:1).

El afán moderno de encontrar nuevas verdades hace que muchos se conduzcan por caminos equivocados…

Deuteronomio 18:22 nos dice que «**si el profeta hablare en nombre de Jehová, y no se cumpliere lo que dijo, ni aconteciere, es palabra que Jehová no ha hablado; con presunción la habló el tal profeta; no tengas temor de él**». El corazón maligno de los hombres está dispuesto a tratar de usar la profecía.

A esto añadimos lo que expresa Isaías 30:9-11:

> Porque este pueblo es rebelde, hijos mentirosos, hijos que no quisieron oír la ley de Jehová; que dicen a los videntes: No veáis; y a los profetas: No nos profeticéis lo recto, decidnos cosas halagüeñas, profetizad mentiras; dejad el camino, apartaos de la senda, quitad de nuestra presencia al Santo de Israel.

Este verso nos dice que el corazón del hombre se puede desviar de tal forma que pretenda dirigir las profecías hacia los propósitos soñados por la mente humana. Los deseos del corazón no son los designios de Dios. En este tiempo moderno son muchos los que corren de aquí para allá detrás de los «profetas», para que estos les digan lo que tienen que hacer. Cabe preguntarnos: ¿Dónde queda la Biblia?, ¿es la Biblia una segunda alternativa a la hora de pedir dirección a Dios? Tal pareciera que rezagan la Biblia a un lado para ir en pos de «profecías».

Por eso es necesario no dejarse llevar por la novedad del momento o por el profeta de moda ni por la iglesia de moda; no necesariamente allí está el Espíritu de Dios.

Tristemente, hoy muchos se están moviendo solo por lo que le puedan estar diciendo, y cada paso que quieran dar en su vida buscan voz profética sin importar de quien venga, y todo lo hacen de acuerdo con lo que se le diga. Compran negocios, se casan, se cambian de vivienda, aun de ciudad y también muchas veces de iglesia. Es gente verdaderamente inestable, que solo hace las cosas por lo que se le está diciendo. La profecía es condicional, y no te puedes dejar guiar por lo que te diga la profecía, la profecía viene para confirmar, y cumple un principio importante que es: exhortar, edificar y consolar.

Mi esposa y yo hemos tenido situaciones en que las personas nos llaman diciéndonos: ¿Pastor/a debo viajar a ver a mi familiar enfermo? ¿O no viajo? ¿Qué me dice el Señor, pastor/a? Qué tristeza que aun para cosas tan obvias se quiera estar buscando voz profética para tomar este tipo de decisiones. Nosotros les decimos que no es por voz profética, sino por una obligación moral, familiar y humana que deben ir a ver a su familiar enfermo.

Muchas veces nos han venido trayendo aun fotos del novio/a para que dizque Dios les diga si es o no es el indicado o la indicado. Amado/a, no podemos jugar de esta manera con lo profético de Dios. Esto no es un asunto de *cara o sello*.

Vemos, entonces, que no solamente está el problema de querer oír las cosas que quieren que se les diga, también está el problema de querer decir lo que quiero que me oigan. Esto es un vaivén, un toma y dame, como si se tratara de una bola de pimpón. Pero el apóstol Pablo en su epístola a Tito nos exhorta de esta manera: «presentándote tú en todo como ejemplo de buenas obras; en la enseñanza mostrando integridad, seriedad, palabra sana e irreprochable, de modo que el adversario se avergüence, y no tenga nada malo que decir de vosotros» (Tito 2:7-8).

Nuestro liderazgo, juntamente con nuestro ministerio, demanda una conducta sana y ejemplar, más en estos tiempos de tanto pecado, pues nosotros no hemos sido llamados a desarrollar nuestras tareas como llaneros solitarios, contrario a esto, debemos apoyarnos e involucrar a otros que sean calificados para que juntos podamos atender las demandas de un pueblo tan necesitado.

Creo, al igual que mi esposa, que la primera responsabilidad y obligación de un hombre con llamado, es decir, con ministerio o liderazgo, es la de enseñar al prójimo, capacitar a los demás para que vivan una vida de acuerdo con la vida de Cristo. Protegiendo con celo santo la iglesia del Señor de los ataques que puedan venir por parte de los falsos profetas o maestros (falsos ministerios que quieren sacar provecho de los más débiles del pueblo de Dios).

El apóstol nos dice que nuestras enseñanzas deben reflejar primero nuestra propia vida, es decir, testimonio de vida. Que muchos puedan ver a Cristo en nosotros, y no al hombre en el hombre, y que puedan decir «yo quiero vivir de la manera en que este hombre sabe vivir», y todo porque de nuestra boca siempre se profese la verdad.

Cuando el apóstol dijo que el espíritu del profeta se sujeta al profeta, lo que nos está diciendo es que necesitamos ser gente de carácter y dominio propio, que sepa hasta dónde va a llegar y cuándo debe detenerse, que hace buen uso de las palabras para que estas no sean la causa de confusión para las personas que están siendo ministradas.

Debo traer a colación, también, que nos hemos encontrado incluso con ministros que, levantando su cabeza al cielo y teniendo la Biblia en su mano izquierda, hacen que esta se abra, y con el dedo índice de su mano derecha lo ponen sobre la Biblia y dicen que es así como Dios les habla. Aquí tengo que decir que no creo que sea el Dios de mi Biblia. Querido/a, Dios no nos habla de esta manera, repito, el asunto no es *cara o sello*, no es al azar, es Dios mismo quien te quiere hablar.

¿Tienes disposición de corazón y oídos para oír lo que Dios te quiere decir? Creo que este es el tiempo de disponer el oído a lo que Dios te quiere decir.

Cuando obramos de forma incorrecta traeremos resultados funestos a nuestras vidas; y todo lo que vaya en contra de lo establecido por el Señor nos hará un blanco perfecto para que el enemigo se aproveche y haga lo que a él le parezca y esté a su antojo, matando en nosotros ese futuro glorioso en Cristo Jesús.

Volvamos nuestros corazones a Él. Que Dios nos ayude a seguir de su mano.

Reflexión final

Alguien dijo: «¡El que no sabe para dónde va, ya llegó!», y tuvo razón. Estamos en tiempos de cuidado, las cosas que se están viendo está llenando a muchos solo de emotividad. Esto hace que ciertas iglesias crezcan sin fundamento, un crecimiento que he llamado «crecimiento de polvo de hornear».

Ese polvo le da volumen a la torta, la hace crecer esponjosa, pero no firme. Ese polvo es el espectáculo, el evangelio *light*, la sed de poder, el autollamado… todo eso que hace de algunas iglesias un club social.

¿A dónde apunta mi exhortación? A que volvamos primeramente a Cristo y no a los sistemas de hombres, volver al verdadero evangelio sencillo, ese que pese a su sencillez penetra hasta lo más profundo de nuestro ser.

Tenemos la responsabilidad de darle fundamento a nuestras iglesias hoy, sin descuidar la unción y la santidad que esta demanda. No podemos seguir en competencias ni rivalidades, tampoco podemos seguir como llaneros solitarios, queriendo mostrar imperios de hombres. Vamos por una unidad genuina, la que da lugar a una iglesia sana y bien representada por Cristo y sus ministros competentes.

Lucía y yo extendemos nuestras bendiciones a todos nuestros consiervos con amor en Cristo Jesús; anhelamos que el amor de nuestro Padre Celestial nos cubra y su sangre nos proteja.

¡Señor, extiende tus manos hacia nosotros y ayúdanos!

Referencias

Bickle, M. y Sulli vant M. (1998). *Creciendo en el ministerio profético.* Ed. Casa Creación.

Rand W.W. (1992). *Diccionario de la Santa Biblia.* Ed. Caribe.

Hagin, K. (1983). *Los dones del ministerio.* Rhema Bible Church.

Larousse Enciclopédico (2000). *Diccionario Enciclopédico.* Realización de las ediciones 1996 y 1997. Agrupación Editorial S. A.

Vine, W. E. (1984). *Diccionario expositivo de palabras del Antiguo y Nuevo Testamento exhaustivo de Vine.* Grupo Nelson. Ed. Caribe.

Made in the USA
Middletown, DE
30 April 2023

29666616R00086